Découvrons les

fleurs

et d'autres végétaux

Découvrons les
fleurs
et d'autres végétaux

TEXTE : **Pamela M. Hickman**

ILLUSTRATIONS : **Judie Shore**

TRADUCTION : **Louise Leroux**

Données de catalogage avant publication (Canada)

Hickman, Pamela

   Découvrons les fleurs et d'autres végétaux

   (Activités nature)
   Traduction de : Introducing flowers, ferns, fungi & more.

   ISBN 2-89435-089-9

   1. Plantes - Étude et enseignement (Primaire).   2. Fleurs - Étude et enseignement (Primaire).   3. Fougères - Étude et enseignement (Primaire).   4. Champignons - Étude et enseignement (Primaire).   I. Shore, Judie.   II. Titre. III. Collection.

   QK51.H5314 1997   372.3'57   C97-940614-5

Table des matières

Introduction

Parmi les aliments que vous avez mangés aujourd'hui, combien étaient d'origine végétale? Ce qui est difficile, c'est d'en trouver qui ne l'étaient pas — le sel, peut-être. N'oubliez pas que la viande provient d'animaux dont l'alimentation est végétale. Sans les plantes, il n'y aurait pas de vie. Dans la nature, toutes les chaînes alimentaires partent de plantes qui produisent du glucose par photosynthèse en captant l'énergie solaire. Les animaux, incapables qu'ils sont de s'auto-alimenter à la manière des plantes, ont besoin des végétaux pour vivre.

En fixant le sol, les plantes ralentissent l'érosion. Le phénomène de la photosynthèse leur permet de produire l'oxygène essentiel à la vie. Les plantes contribuent à l'assainissement des cours d'eau, fournissent une foule d'habitats à la faune et sont la source de matières premières utilisées entre autres en médecine, pour se vêtir et pour tisser. Tout en embellissant la nature, les plantes apportent fraîcheur et vitalité au monde qui nous entoure.

Découvrons les fleurs et d'autres végétaux décrit la structure et les fonctions des plantes herbacées ou non ligneuses. Certaines de ces plantes portent des fleurs, d'autres non. Les fougères, par exemple, ne sont pas florifères. Il est également question de la famille des champignons.

Chaque chapitre commence par une introduction vous donnant l'information nécessaire pour poursuivre. Les leçons, qui portent chacune sur un sujet particulier, s'accompagnent d'activités diverses. Vous pouvez toutes les faire, ou ne retenir que celles qui vous semblent le mieux répondre à vos objectifs. Quel que soit votre choix, vous constaterez que les activités facilitent l'apprentissage. La fiche de l'élève qui accompagne certaines activités peut être photocopiée et remise à chaque élève. En regroupant ses fiches, l'élève pourra se constituer un véritable dossier sur les fleurs.

Pour éveiller l'intérêt de vos élèves, installez l'affiche en couleur dans la classe.

Découvrons les fleurs et d'autres végétaux permet à vos élèves de s'initier à l'histoire naturelle. La démarche suivie est cependant assez générale pour que vous puissiez déborder le cadre du cours de sciences proprement dit. Vos élèves devront exercer leur sens de l'observation, communiquer, faire des calculs et manipuler des matériaux et des instruments. En leur demandant de disséquer une fleur, d'observer attentivement des spores, de faire germer des haricots ou de planter des graines, vous les encouragerez à découvrir comment les plantes passent de l'état de graine à leur pleine maturité à l'aide d'activités pratiques de toutes sortes à faire à l'intérieur et à l'extérieur. Tout en se renseignant sur les plantes, vos élèves apprendront comment faire des expériences et de l'observation, et quels soins donner aux choses vivantes. Il sera également question des différents rôles que jouent les plantes dans la nature, de leur importance dans nos vies et des effets de notre comportement sur elles.

Tous les enfants connaissent des plantes, qu'il s'agisse de l'herbe du parc, des mousses qui poussent dans les fentes du trottoir, des plantes en pot qui garnissent le rebord des fenêtres ou des légumes ou des fleurs du jardin. Nous espérons enrichir leurs connaissances sur les plantes, leur montrer quels plaisirs ils peuvent en retirer, et leur faire voir l'importance des plantes dans l'environnement. Car les connaissances, habiletés et comportements acquis par les jeunes d'aujourd'hui détermineront en partie la façon dont les plantes seront protégées et utilisées dans les années à venir.

CHAPITRE UN

Ces incroyables plantes herbacées

Les plantes herbacées sont des plantes non ligneuses qui comptent aussi bien des plantes à fleurs, comme les tulipes, que des plantes sans fleurs, comme les fougères et les mousses. Les arbres et les arbustes sont des plantes ligneuses. Nous avons choisi de traiter aussi des champignons, bien qu'il ne s'agisse pas à proprement parler de plantes.

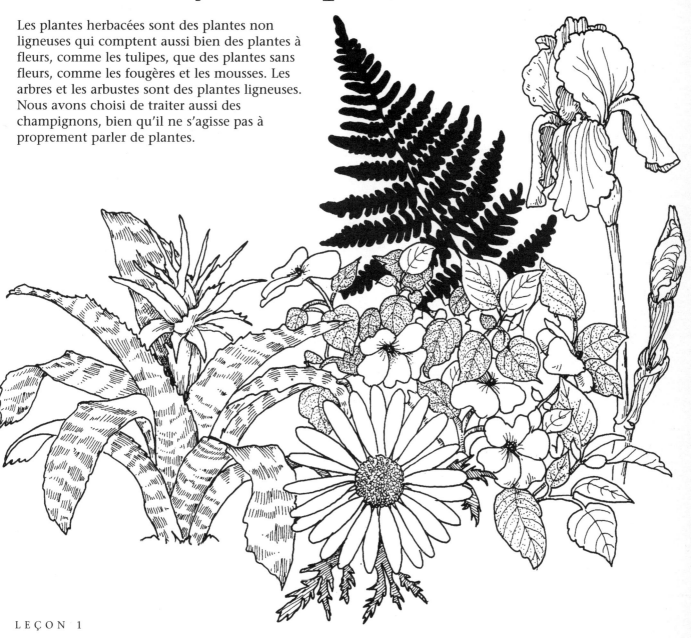

Premier coup d'oeil

En guise d'introduction, apportez en classe différentes plantes en pot, soit des plantes qui fleurissent, et d'autres porteuses de spores, qui ne fleurissent pas, telles les fougères et les mousses. Adressez-vous au besoin à un pépiniériste, à une épicerie ou à un fleuriste de votre localité.

Regroupez les plantes dans un endroit de la classe qui convient (de préférence près d'une fenêtre et à l'abri des courants d'air), et laissez les élèves les regarder à loisir. Encouragez-les à bien les examiner, à y toucher doucement et à les sentir, en leur conseillant toutefois de ne pas y goûter.

Activités

1. Quand les élèves auront eu tout le temps d'examiner les plantes, demandez-leur d'écrire un texte sur tout le groupe de plantes, sur quelques-unes, ou sur une en particulier. Il pourrait s'agir d'une courte histoire, d'un poème, d'un texte publicitaire, d'une lettre ou d'une affiche en faveur de la protection des plantes, voire d'une description détaillée.

2. Demandez aux enfants quel effet cela leur fait de voir des plantes vivantes dans la classe. Est-ce que cela leur plaît, leur déplaît, ou les laisse indifférents ? Où ont-ils l'occasion de voir des plantes habituellement ? Comment vivraient-ils sans les plantes ? Serait-il possible de vivre ?

3. Installez l'affiche dans la classe pour toute la durée des leçons sur les fleurs, les fougères et les champignons. Il sera ainsi facile de la consulter, tout en marquant l'endroit où les activités se dérouleront, où la documentation sera regroupée, et où seront disposés les travaux réalisés par les élèves.

LEÇON 2

Les fiches d'identité

Les fiches d'activité de l'élève sont suivies de douze fiches d'identité illustrées. Les plantes à fleurs et les plantes sans fleurs qui y sont décrites sont assez communes dans notre région. On y retrouve : la fougère-à-l'autruche, le polytric, le ganoderme des artistes, la quenouille, le mil ou phléole des prés, le chou puant, le trille blanc, le cypripède royal, le nénuphar blanc, la sarracénie pourpre, l'asclépiade commune et le pissenlit.

Voici comment se présente chaque fiche d'identité :

Nom

Mon apparence : courte description de la plante (fleur, feuilles, tige, graines et racines)

Mon habitat : milieu où vit la plante

Ma floraison : période de l'année où la plante est en fleurs

Mon mode de reproduction : selon le cas, renseignements sur la pollinisation, la dispersion des graines ou des spores, la multiplication

Mes particularités : caractéristiques particulières, capacité d'adaptation, usages

À noter : autres traits intéressants, espèces voisines

Mots nouveaux : vocabulaire à apprendre

Activités

1. À l'heure des activités dirigées, encouragez les élèves à consulter les fiches d'identité.

2. Le fait que les mêmes rubriques se retrouvent sur toutes les fiches permet de comparer, par exemple, l'apparence, l'époque de floraison ou le mode de propagation de différentes espèces.

3. Formez douze équipes en remettant une fiche à chacune. Les élèves devront :
   — nommer une autre plante herbacée qui pousse dans le même habitat
   — fabriquer une plante ressemblant à celle de la fiche à l'aide de matériaux de bricolage (papier, pailles, retailles de tissu, pâte à modeler)

— écrire un poème sur la plante en question
— composer, sur un air connu, une chanson qui parle de cette plante.

4. Demandez aux élèves de faire des recherches sur une des espèces nommées sous la rubrique « À noter » et d'établir une fiche d'identité semblable aux autres à partir des renseignements qu'ils auront trouvés. Cette nouvelle fiche pourra être ajoutée aux autres une fois que vous en aurez vérifié le contenu.

5. Demandez aux élèves de chercher dans le dictionnaire le sens de chacun des « mots nouveaux ».

6. Demandez-leur de trouver des exemples de logos et de symboles représentant des plantes herbacées adoptés par différentes sociétés et organisations, et de les réunir dans un collage.

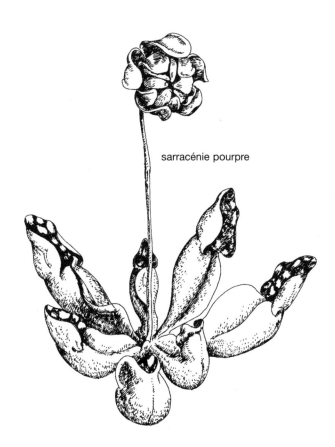

sarracénie pourpre

CHAPITRE DEUX

Les plantes à fleurs

Il existe dans le monde environ 250 000 espèces de plantes à fleurs. Demandez aux élèves de vous en nommer. Y a-t-il des fleurs chez eux, à l'intérieur ou à l'extérieur ? Quels traits les plantes à fleurs ont-elles en commun ? Inscrivez-les au tableau : racines, tige, feuilles, fleurs. Dans ce chapitre, nous traiterons des plantes à fleurs non ligneuses.

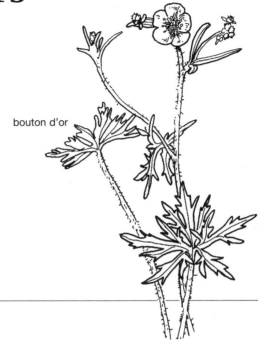

bouton d'or

La structure de la plante

Voici une description de chacune des quatre parties que comprennent habituellement les plantes à fleurs.

La tige
- elle soutient la plante, et c'est à elle que sont rattachées toutes les autres parties de la plante.
- elle renferme les vaisseaux (formant le xylème et le phloème) par lesquels l'eau et les minéraux se rendent des racines aux autres parties de la plante, et où circulent les sucres provenant des feuilles.

Les feuilles
- elles jouent le rôle d'une mini-usine en produisant le glucose (sucre) dont la plante a besoin pour croître. Par un processus appelé photosynthèse, le gaz carbonique dans l'air se mélange à l'eau provenant du sol pour produire du glucose et de l'oxygène. La présence de la chlorophylle (le pigment vert des feuilles) est indispensable à cette réaction chimique, tout comme la lumière solaire. Le glucose se rend aux autres parties de la plante en passant par le phloème, et l'oxygène est libéré dans l'air par les stomates, de minuscules trous dans les feuilles.

Les fleurs
- elles comprennent les organes mâles ou femelles, ou les deux, indispensables à la pollinisation. On dit d'une fleur qu'elle est « parfaite » quand s'y trouvent à la fois des organes mâles et des organes femelles.
- après la pollinisation, il se forme dans l'ovaire des graines dont la dispersion assurera éventuellement la production de nouvelles plantes.

Les racines
- captent dans le sol l'eau et les minéraux dont se nourrit la plante.
- fixent la plante au sol.

Activité

Remettez à chaque élève la fiche d'activité 1. À l'aide des descriptions fournies ci-dessus, expliquez le rôle des différentes parties de la plante.

La dissection d'une fleur

En séparant les différentes parties de la fleur, les élèves comprendront mieux comment celle-ci est « construite ». Montrez-leur comment faire.

Procurez-vous suffisamment de fleurs pour que chaque élève, ou un petit groupe d'élèves, en ait une. Le lis et la tulipe se prêtent bien à la dissection.

Activité

— Voyez d'abord si des feuilles vertes recouvrent l'extérieur des pétales de couleur (il se peut qu'il n'y en ait pas). Il s'agit des sépales qui protègent la fleur à l'état de bourgeon. Chez certaines fleurs, le lis et la tulipe, par exemple, les sépales ont pris l'aspect de pétales. On a l'impression qu'il y a six pétales plutôt que trois. Mais en réalité, les trois « pétales » extérieurs sont des sépales. Commencez par retirer doucement les sépales.

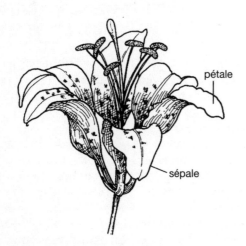

pétale

sépale

— Examinez ensuite les pétales. Tout en attirant les insectes pollinisateurs par leur couleur, leur forme et leur taille, ils empêchent les organes sexuels de la plante de s'assécher.

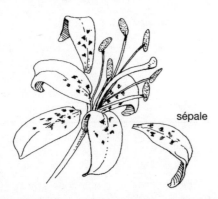

sépale

— Après avoir retiré les pétales, examinez les étamines, qui sont les organes mâles de la fleur. Elles ressemblent à de petits piquets surmontés d'une tête en forme de massue. Appelée anthère, la tête, habituellement jaune, est parfois aussi d'une autre couleur, noire, par exemple, dans le cas de la tulipe. Touchez doucement une anthère du bout du doigt. Si elle est mûre, le pollen, une sorte de poudre habituellement jaune, s'y déposera. Essayez de voir où se trouve la base de l'étamine.

— Retirez les étamines pour isoler le pistil central, qui est l'organe femelle. Le pistil se compose de trois parties : une base renflée appelée ovaire, où se forment les graines, un style ressemblant à un bâtonnet et une tête élargie, le stigmate, où doit se déposer le pollen assurant la fertilisation de la fleur. Essayez de retrouver ces différents éléments.

— Cette structure varie d'une fleur à l'autre. Certaines fleurs ont de nombreux pistils distincts tandis que d'autres n'ont pas de style. Vous devriez cependant pouvoir reconnaître les principaux éléments.

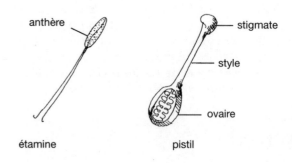

anthère

étamine

stigmate

style

ovaire

pistil

Les différentes sortes de fleurs

Quand la tige porte une seule fleur, comme celle de la sanguinaire, on parle de fleur solitaire. Quand la tige se ramifie pour former un épi ou un capitule, comme celle de la verge d'or ou du pissenlit, on parle d'une inflorescence. Chaque grande « fleur » jaune de pissenlit se compose en fait d'une multitude de petites fleurs.

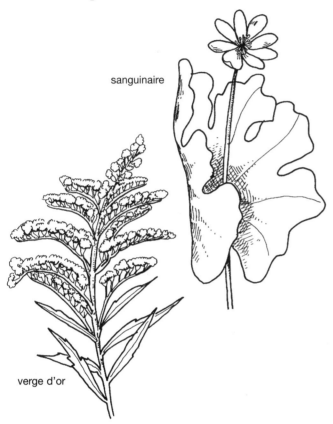

sanguinaire

verge d'or

Mais on classe plus souvent les fleurs en deux grandes catégories : les fleurs de forme régulière et les fleurs de forme irrégulière. Dans le premier cas, les parties de la fleur sont disposées en cercle ou en rond et présentent une forme symétrique comme les rayons d'une roue. En séparant la fleur n'importe où en son centre, les deux moitiés seront identiques. Les pétales ont tous sensiblement la même taille, la même forme et la même couleur. La plupart des fleurs (lis, roses, trilles, etc.) font partie de cette catégorie.

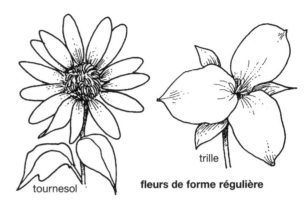

tournesol

trille

fleurs de forme régulière

On dit d'une fleur qu'elle a une forme irrégulière quand elle n'est pas symétrique et que ses pétales ne se ressemblent pas tous. Les pétales supérieur et inférieur de ces fleurs sont souvent appelés lèvres. La violette, l'orchidée, le muflier, la linaire vulgaire et l'impatiente font partie de cette catégorie.

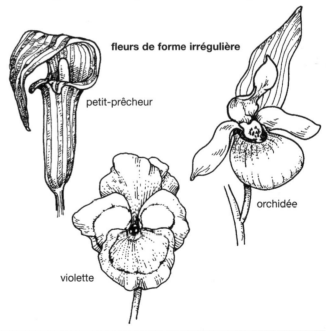

fleurs de forme irrégulière

petit-prêcheur

orchidée

violette

Activité

Avec la fiche d'activité 2, apprenez à vos élèves à distinguer les fleurs régulières des fleurs irrégulières.

Réponses

impatiente	I	pensée	I
coquelicot	R	orchidée	I
trille	R	bouton d'or	R
sanguinaire	R	lis	R

La circulation de l'eau dans la tige

Nous avons déjà vu que la tige permet à l'eau captée par les racines de se rendre dans les autres parties de la plante. Vous pouvez en faire la démonstration devant toute la classe ou former de petits groupes d'élèves. Étant donné qu'il s'écoulera quelques heures avant que les résultats n'apparaissent, commencez votre démonstration le matin et revenez-y plus tard dans la journée.

Activités

1. *Il vous faudra :*
   des branches de céleri frais garnies de feuilles
   des oeillets blancs frais à longue tige
   de l'eau
   des bocaux
   du colorant alimentaire de couleurs rouge et bleue
   un couteau

   Voici comment procéder :
   — Mettez la même quantité d'eau dans les deux bocaux ; ajoutez quelques gouttes de colorant rouge dans un bocal, et de colorant bleu dans l'autre.
   — Déposez une branche de céleri dans un bocal et un oeillet dans l'autre.
   — Au bout de quelques heures, examinez ce qui s'est passé. Qu'est-il arrivé ? Pourquoi ?
   — Tranchez la branche de céleri. Que constatez-vous ?
   — Grattez au couteau le dos de la branche de céleri. Que constatez-vous ?

   Réponses
   — Les feuilles du céleri et l'oeillet devraient avoir pris la couleur de l'eau. Cela prouve que l'eau colorée s'est rendue aux feuilles et à la fleur.
   — De petits points de couleur devraient être visibles à l'endroit où le céleri a été tranché. Il s'agit de l'extrémité des vaisseaux du xylème que le colorant fait apparaître.
   — À l'endroit où la surface du céleri a été grattée, on devrait voir ces mêmes vaisseaux colorés le long du dos de la branche.

2. Demandez aux élèves de prédire ce qui se produirait si les deux moitiés d'une tige d'oeillet fendue sur la longueur étaient plongées dans de l'eau de couleurs différentes. Combien ont bien répondu ? (L'oeillet devrait être devenu à moitié rouge et à moitié bleu.)

La germination

Toutes les plantes à fleurs sont soit monocotylédones (ou monocotyles) ou dicotylédones (ou dicotyles). La graine renferme un embryon ainsi qu'une réserve alimentaire qui facilite sa germination de même que sa croissance jusqu'à ce que la plante soit capable de produire sa propre nourriture par photosynthèse.

La graine de la plante monocotylédone renferme l'embryon entouré de l'endosperme, qui est sa réserve de nourriture. Au moment de la germination, une seule feuille apparaît. Chez la plante dicotylédone, par contre, l'embryon possède deux feuilles ou cotylédons dans lesquelles se trouve la réserve de nourriture. Quand la graine germe, deux feuilles apparaissent.

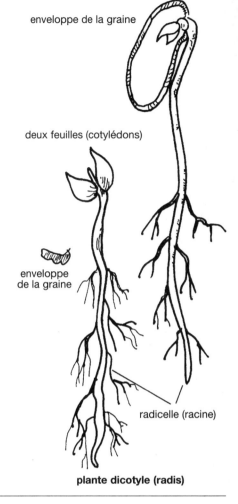

enveloppe de la graine

deux feuilles (cotylédons)

une feuille

enveloppe de la graine

radicelle (racine)

radicelle (racine)

plante dicotyle (radis)

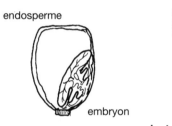
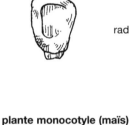

endosperme

embryon

plante monocotyle (maïs)

Activité

En germant, les graines de toutes les plantes à fleurs produisent soit une, soit deux feuilles. La plante qui ne produit qu'une feuille est dite monocotyle (mono signifie un, cotyle étant le raccourci de cotylédon, nom donné à la feuille produite au moment de la germination). La plante qui produit deux feuilles est dite dicotyle (di signifiant deux). L'activité suivante consiste à faire germer des graines de maïs et de radis pour voir s'il s'agit de plantes monocotyles ou dicotyles.

Il vous faudra :
quatre graines de maïs et quatre graines de radis par groupe*
deux pots de tourbe par groupe
du terreau
un arrosoir et de l'eau
des bâtons de popsicle
un marqueur

* Les graines germeront plus vite si on les a mises à tremper à l'avance.

Voici comment procéder :
— Demandez à chaque groupe d'élèves de remplir aux trois quarts ses deux pots de tourbe avec du terreau, puis d'écrire au marqueur MAÏS et RADIS sur un côté d'un bâton de popsicle, et leur nom sur l'autre côté.
Une fois les bâtons enfoncés dans chacun des deux pots, faites-leur planter les graines de maïs et de radis dans les pots en les espaçant et en les recouvrant de terre.
— Il ne reste plus qu'à arroser jusqu'à ce que la terre soit humidifiée jusqu'au fond des pots.
— Veillez à ce que les élèves regardent tous les jours si les graines commencent à germer et si la terre demeure humide.
— Quand la germination débute, invitez les élèves à examiner les feuilles de près et à vous les décrire ; le moment sera alors venu de placer les pots devant une fenêtre ensoleillée.

— Quand de nouvelles feuilles apparaissent,
demandez aux élèves de vous les décrire après
les avoir bien regardées.
— Posez-leur les questions suivantes :
  • Quelles graines ont germé en premier ?
  • Est-ce que toutes les graines ont germé ?
    Sinon, pourquoi ? (Parfois, la germination ne
    se produit pas parce que l'embryon était mal
    formé, trop vieux, malade ou trop sec.)
  • Pourquoi était-il important d'arroser les pots ?
    (Pour pouvoir germer, la graine doit absorber
    de l'eau et gonfler ; les cellules de l'embryon
    se divisent jusqu'à ce qu'elles deviennent
    assez grosses pour briser l'enveloppe de la
    graine, qui s'ouvre alors pour laisser passer la
    racine, puis la pousse.)
  • Des deux plantes, laquelle est monocotyle et
    laquelle est dicotyle ? Expliquez ce qui
    différencie les feuilles. (Le plant de maïs, qui
    n'a qu'une feuille, est monocotyle tandis que
    le plant de radis, avec ses deux feuilles, est
    dicotyle.)
  • Décrivez les secondes feuilles de chacune des
    plantes. En quoi diffèrent-elles selon que la
    plante est monocotyle ou dicotyle ? (Sur les
    vraies feuilles de la plante monocotyle, les
    nervures sont parallèles, tandis que sur celles
    de la plante dicotyle, elles sont ramifiées.)

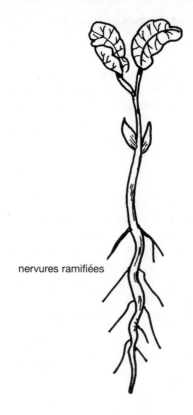

nervures ramifiées

CHAPITRE TROIS

Les plantes sans fleurs

Le groupe des plantes sans fleurs est beaucoup moins important que celui des plantes à fleurs. Les mousses, les fougères, les prêles et les hépatiques, des plantes dites «primitives», en font partie. Depuis l'apparition des fougères et des prêles sur la Terre il y a près de 400 millions d'années, les prêles, dont la taille atteignait à l'origine de 9 à 12 m comparativement à environ 0,5 m aujourd'hui, ont conservé sensiblement la même structure.

Ces plantes qui n'ont pas de fleurs ne peuvent donc produire de graines; elles se reproduisent plutôt par des spores aussi minuscules que des grains de poussière. Contrairement à la plupart des plantes à fleurs, les prêles, les mousses et les hépatiques n'ont pas de vraies racines. Les fougères ont été les premières plantes à avoir des racines, des tiges et des feuilles il y a de cela 350 millions d'années. Dans ce chapitre, nous verrons de plus près à quoi ressemblent les fougères et les mousses, deux exemples de plantes sans fleurs.

Si l'électricité que vous consommez provient d'une centrale thermique alimentée au charbon, c'est sans doute un peu grâce aux fougères que vous pouvez vous éclairer, faire cuire vos aliments et chauffer votre maison. Les dépôts houillers exploités aujourd'hui ont été formés par des couches de fougères et d'autres plantes mortes enfouies sous des couches de sable et de vase. On trouve d'ailleurs des empreintes de fougères fossilisées dans pratiquement tous les gisements houillers.

LEÇON 8

Les fougères

Essayez d'apporter en classe deux sortes de fougères en pot. Adressez-vous au besoin à un commerce de plantes, une pépinière ou un fleuriste du voisinage. Vous pourriez aussi demander à des élèves d'en apporter s'ils en ont chez eux. Si vous en avez la possibilité, organisez une excursion dans un parc, un ravin ou un boisé où poussent des fougères à la fin du printemps ou en juin.

Les fougères se reproduisent par leurs spores. Quand elles ont de trois à sept ans, elles produisent de minuscules sporanges (contenant les spores) souvent situées au revers de leurs frondes (nom donné à leurs feuilles). Une plante peut produire à elle seule 50 millions de spores par saison de croissance! Quand les spores de la taille de grains de poussière sont mûres, les sporanges éclatent pour les laisser tomber par terre ou s'envoler, portées par le vent, parfois à 15 000 km de distance!

La couleur des sporanges et leur emplacement facilitent grandement l'identification des fougères. Dans certains cas, les sporanges sont regroupés en petites sphères en forme de point appelées sores. Jaunes, orange ou bruns, les sores se trouvent normalement sur le revers de la fronde. Parfois, ils forment un dessin particulier (par ex. sur le polystic faux-acrostic), sont disposés en bordure des segments (par ex. sur

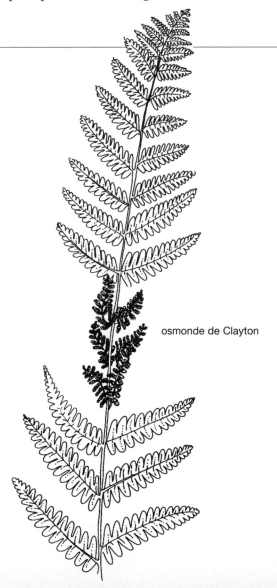

osmonde de Clayton

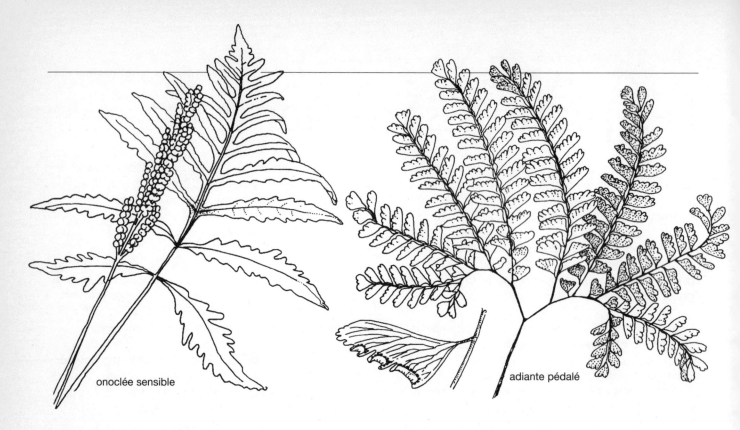

onoclée sensible

adiante pédalé

l'adiante pédalé) ou semblent être dispersés n'importe comment sur la face dorsale des frondes (par ex. sur la fougère ambulante). Plusieurs espèces de fougères n'ont pas de sores sur leurs frondes. Les sporanges poussent plutôt sur des frondes distinctes (par ex. sur l'osmonde cannelle et sur la fougère-à-l'autruche) ou sur une zone particulière de la fronde (par ex. sur l'osmonde royale et sur l'osmonde de Clayton).

Activités

1. Numérotez (1, 2, 3...) chacune des fougères sous observation. Demandez aux élèves d'indiquer pour chacune, sur la fiche d'activité 3, « Coup d'oeil sur les spores », où se trouvent les sporanges. Invitez-les à se servir d'une loupe pour mieux voir. Un guide des fougères les aidera à découvrir l'identité des fougères.

2. Sur la fiche d'activité 4, « Où sont les spores ? », faites-leur encercler la partie de la fougère où se trouvent les sporanges.

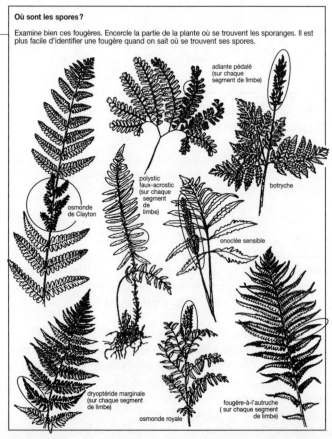

Où sont les spores ?

Examine bien ces fougères. Encercle la partie de la plante où se trouvent les sporanges. Il est plus facile d'identifier une fougère quand on sait où se trouvent ses spores.

adiante pédalé (sur chaque segment de limbe)

polystic faux-acrostic (sur chaque segment de limbe)

osmonde de Clayton

botryche

onoclée sensible

dryoptéride marginale (sur chaque segment de limbe)

osmonde royale

fougère-à-l'autruche (sur chaque segment de limbe)

Réponses — fiche d'activité 4

20

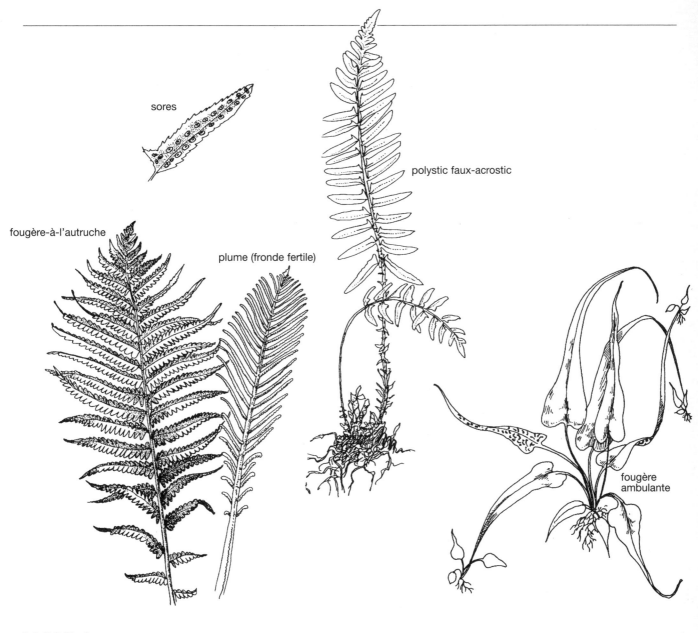

sores

fougère-à-l'autruche

plume (fronde fertile)

polystic faux-acrostic

fougère
ambulante

Les mousses

Demandez aux élèves de s'imaginer qu'ils ont la taille d'une fourmi. Ils rampent dans une épaisse forêt de palmiers, de pins et de plantes ressemblant à des fougères ou ayant la forme de plumes. Où se trouvent-ils? Ils sont dans un «bosquet» de mousses. Les mousses peuvent avoir ces différentes formes, et bien d'autres encore. En fait, il existe plus de 20 000 sortes de mousses qui poussent sur le sol, les arbres, la pierre et le bois en décomposition, sous l'eau des ruisseaux et des étangs d'eau douce, et même dans les fentes du trottoir! Comme on en trouve partout dans le monde sauf dans les déserts, vous devriez trouver facilement différentes espèces de mousses à observer dans la nature ou à apporter en classe.

On est souvent porté à croire à première vue que les mousses sont toutes semblables; en y regardant de plus près avec une loupe, on constate que la taille, la forme, la couleur et la texture des feuilles varient énormément, tout comme les capsules renfermant les spores (qui ressemblent à une fleur à l'extrémité d'une mince tige).

21

Les mousses forment un important couvre-sol qui protège le sol de l'érosion éolienne et hydrique. Elles peuvent aussi absorber des quantités considérables d'eau de pluie, ce qui prévient l'assèchement du sol. Les autres plantes peuvent ainsi poursuivre leur croissance et survivre en période de sécheresse, tout comme les animaux qui s'en nourrissent.

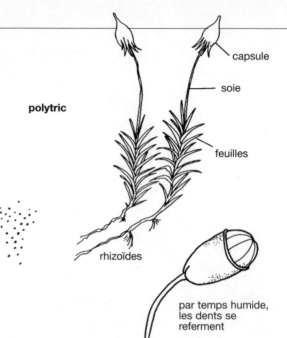

polytric

capsule

soie

feuilles

rhizoïdes

la capsule mûre perd sa coiffe

par temps sec, les dents en couronne relâchent les spores

par temps humide, les dents se referment

Activités

1. Avec une loupe, les mousses paraissent aussi grosses que les voit une fourmi.

   Conservez les mousses apportées en classe sur de la terre humide, dans des pots étiquetés placés dans des sacs de plastique fermés. Vous pouvez retirer les sacs quand les élèves examinent les plantes. Ayez aussi à votre disposition des mousses que vous aurez fait sécher à l'air libre pendant quelques jours.

   Formez des équipes à qui vous remettrez un exemplaire de la fiche d'activité 5, « Les mousses sous la loupe », ainsi qu'un échantillon de mousse sèche et un autre de mousse humide.
   a) Demandez aux élèves d'identifier les différentes parties de la mousse humide à l'aide de l'illustration sur la fiche d'activité.
   b) Faites-leur examiner à la loupe la mousse sèche et la mousse humide en leur demandant de noter leurs observations sur la fiche d'activité. (La mousse humide devrait être verte, douce et souple tandis que la mousse sèche devrait être enroulée sur elle-même, de couleur gris brun et rude au toucher.)
   c) Dites aux élèves de déposer la mousse sèche dans un bocal d'eau en leur demandant de noter leurs observations au bout de cinq minutes, de trente minutes, et d'une journée

complète. (La mousse devrait se dérouler progressivement — les tiges et les feuilles devraient se redresser — et reverdir.)
   d) Demandez aux élèves de répondre aux questions de la fiche d'activité. (1. Les mousses n'ont pas de fleurs; elles ne produisent pas non plus de graines, mais plutôt des spores. La taille n'est pas un bonne réponse, certaines toutes petites plantes à fleurs tel le pourpier faisant à peine 0,3 mm. 2. Les mousses peuvent s'assécher sans en mourir. Leurs feuilles et leurs tiges s'enroulent alors sur elles-mêmes et perdent leur couleur verte, mais elles « reprennent vie » dès qu'elles sont à nouveau imbibées d'eau. 3. Le dessèchement des mousses peut être attribuable entre autres à la sécheresse, au drainage de leur habitat et à leur retrait du milieu naturel où elles poussaient. 4. La pluie. 5. Par exemple, les autochtones confectionnaient des couches pour bébé en sphaigne; les colons calfeutraient les fentes de leurs cabanes en bois rond avec de la mousse mêlée à de l'argile; les Lapons emplissaient leurs oreillers de mousse; dans de nombreux pays, la tourbe qui résulte de la décomposition de mousses est découpée et séchée pour servir de combustible; les jardiniers utilisent la mousse de tourbe pour enrichir le sol.)

2. Quelle est l'utilité des mousses? Outre qu'elles fournissent nourriture et abri à une foule de créatures différentes, elles contribuent à éviter que le sol ne soit emporté par l'eau ou soufflé par le vent. L'activité suivante montre aux élèves que les mousses jouent un autre rôle important dans la nature.

L'objectif consiste à montrer à quel point les mousses retiennent l'eau comparativement au sol nu. Vous pouvez faire vous-même la démonstration, ou encore laisser les élèves faire leur propre expérience en petits groupes si vous disposez du matériel nécessaire.

Pour chaque groupe d'élèves, il vous faudra :

des mousses
de la terre
2 entonnoirs
2 bocaux
une tasse graduée

Après avoir installé un entonnoir dans chacun des bocaux, mettez 250 ml (1 tasse) de terre dans chaque entonnoir. Couvrez la terre de mousse dans un des entonnoirs. Versez lentement

250 ml d'eau dans chacun des entonnoirs. Quand l'écoulement cesse, retirez les entonnoirs. Mesurez l'eau qui se trouve dans chacun des bocaux. Discutez des résultats avec les élèves. Dans quel bocal y avait-il le plus d'eau? Combien d'eau la terre non recouverte de mousse a-t-elle absorbé? (Pour le savoir, soustrayez de 250 ml la quantité d'eau qui s'est écoulée dans le bocal.) Combien la terre recouverte de mousse en a-t-elle absorbé?

Demandez aux élèves quel rôle la mousse a joué. Pourquoi est-il important que la mousse absorbe l'eau? Quelle est l'utilité des mousses pour les plantes et les animaux? Qu'arriverait-il si toutes les mousses étaient détruites dans une certaine zone?

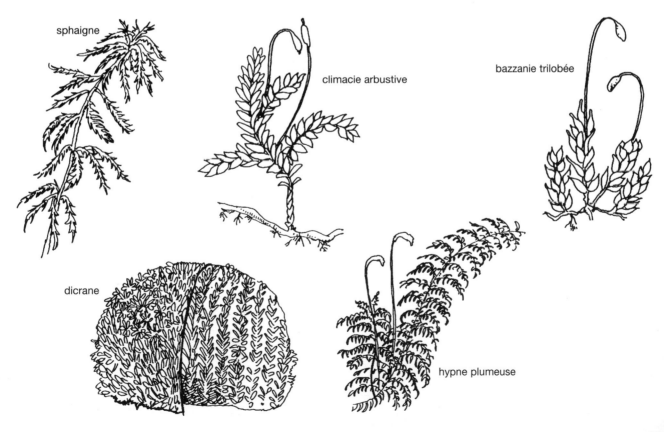

sphaigne

climacie arbustive

bazzanie trilobée

dicrane

hypne plumeuse

CHAPITRE QUATRE

Faites connaissance avec les champignons

Contrairement aux autres organismes dont nous venons de parler, les champignons ne font pas partie du règne végétal. Autrefois classés dans le règne des plantes sans fleurs auquel appartiennent fougères et mousses, ils possèdent maintenant leur propre règne. Sans être des plantes, ils poussent parmi elles. Les élèves connaissent certainement déjà les champignons, surtout ceux qu'on cueille. C'est ce qui explique leur présence dans notre guide.

Demandez à vos élèves s'ils ont mangé des champignons récemment. Les champignons cultivés ou qui poussent dans la nature ne représentent qu'une partie du règne des champignons. Et la partie comestible n'est qu'une petite portion du champignon tout entier. La partie fructifère du champignon, celle qui produit les spores, est celle que l'on cueille. La partie souterraine est composée de filaments ressemblant à des racines, les hyphes, qui absorbent la nourriture dont le champignon a besoin. Les hyphes se répandent dans le sol, le bois en décomposition et d'autres substrats, parfois sur des kilomètres. Les hyphes dégagent dans le tissu des plantes et des animaux des substances chimiques appelées enzymes, et elles absorbent les éléments nutritifs essentiels à leur croissance. Étant donné qu'il n'y a pas de chlorophylle dans les champignons, ceux-ci sont incapables de produire leur propre nourriture par photosynthèse, à la manière des plantes.

À l'époque où vous auriez pu croire aux sorcières, aux fées et aux lutins, les champignons disposés en cercles que l'on appelle ronds de sorcière ou cercles de fée, qui poussent dans les prairies et les clairières, vous auraient intrigués. D'après la légende, des fées et des lutins venaient danser et jouer tous les soirs à l'intérieur de ces cercles. On croyait aussi que des gnomes y avaient enterré des trésors. Le cercle en question délimite en réalité le pourtour d'une colonie en train de s'étaler.

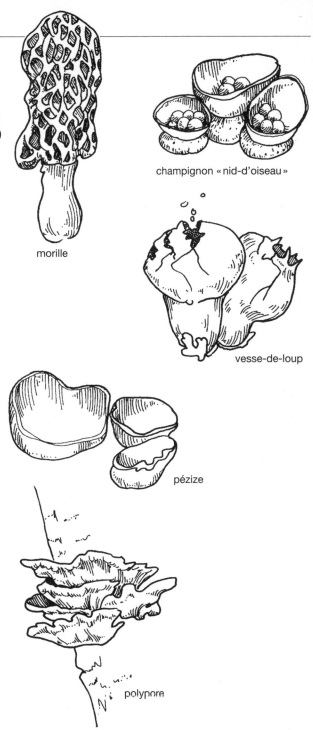

morille

champignon « nid-d'oiseau »

vesse-de-loup

pézize

polypore

Si le centre est dénudé, c'est que toute la nourriture y a été absorbée.

Saviez-vous qu'un champignon est responsable du pied d'athlète, une affection commune de la peau des pieds ?

La moisissure est aussi un champignon. Tout le monde a déjà vu ces taches blanchâtres, verdâtres ou bleuâtres qui apparaissent sur le fromage, le pain rassis ou les fruits trop mûrs. Le pénicillium, une autre sorte de moisissure, sert à fabriquer la pénicilline, un antibiotique très utile.

Le monde des champignons

L'automne est une saison propice à l'observation des champignons, surtout après la pluie. La cueillette est interdite dans les parcs et les zones de conservation. Si vous emmenez vos élèves cueillir des champignons dans la nature, donnez-leur d'abord quelques consignes de sécurité. Dites-leur qu'il faut porter des gants, et ne jamais goûter aux champignons. Une mise en garde : certains enfants étant allergiques aux spores ou aux moisissures, communiquez avec les parents avant d'entreprendre les activités suivantes.

Activités

1. Procurez-vous quelques champignons mûrs, de préférence auprès d'une champignonnière. Pour savoir si vos champignons produiront une sporée pâle ou foncée, faites l'expérience vous-même la veille. Placez un chapeau de champignon sur une feuille de papier noir et un autre sur une feuille de papier blanc. La sporée se verra mieux sur une des deux feuilles ; c'est celle dont vous vous servirez avec les élèves. Si le papier blanc convient mieux, servez-vous de photocopies de la fiche d'activité 6. Chaque élève aura besoin d'une feuille de papier, d'un bol et d'un champignon, et devra avoir accès à un couteau, à de la colle et à du fixatif en atomiseur. Les instructions figurent sur la fiche d'activité 6. Il vaut mieux commencer l'expérience en fin de journée afin que les spores se déposent sur le papier pendant la nuit.

2. Cette activité consiste à faire pousser différentes sortes de moisissures et à les examiner à la loupe

sporée

pour les comparer. Achetez les aliments dont vous aurez besoin dans la section des fruits et légumes ou de la boulangerie réservée aux produits défraîchis. La présence de moisissures est même normale sur certains fromages, notamment le stilton...

Il vous faudra :

du vieux fromage, des oranges ou d'autres fruits à chair tendre meurtris (prunes, pêches, poires, etc.) , du pain rassis
des sacs de plastique
des attaches
de l'eau
des loupes

Divisez la classe en petits groupes auxquels vous remettrez une copie de la fiche d'activité 7.

Remettez à chaque groupe des morceaux d'aliments sur lesquels vont pousser les moisissures.

Étant donné qu'au moins une semaine s'écoulera avant que les moisissures ne commencent à apparaître, prévoyez un délai suffisant au bout duquel les élèves pourront faire leurs observations. Encouragez-les à vérifier le contenu de leurs sacs tous les jours pour voir si des changements se produisent. La chaleur et l'humidité accéléreront l'apparition des moisissures.

Réponses aux questions de la fiche d'activité 7

1. La chaleur et l'humidité
2. Elles font pourrir les aliments et les rendent peu appétissants.
3. — Beaucoup d'agriculteurs traitent leurs cultures aux fongicides chimiques pour prévenir la moisissure.
   — Il convient également d'apporter le plus grand soin à la cueillette ou à la récolte, à la manipulation et à l'emballage des fruits et légumes tendres.
   — On peut réduire le risque de moisissure en entreposant les fruits et les légumes dans un endroit frais et sec.
   — Il est bon de cueillir les fruits, par exemple, avant qu'ils ne soient parfaitement mûrs afin de réduire le risque qu'ils ne s'abîment ou se gâtent avant d'arriver au marché.

CHAPITRE CINQ

La vie des plantes

Demandez à vos élèves de vous dire ce qu'ils ont mangé ce matin ou ce midi. Leur repas contenait-il des végétaux ? Fort probablement, et parmi eux : du blé, de l'avoine, du riz, du maïs, du sucre (extrait de la canne à sucre ou de la betterave à sucre), du miel (provenant du nectar des fleurs), des légumes et des fruits ou des noix. Les végétaux représentent une bonne partie de notre alimentation directe, de même qu'indirecte quand nous mangeons de la viande (puisque les animaux se nourrissent de végétaux).

La faune tout entière vit elle aussi de plantes. En fait, les plantes se retrouvent dans toutes les chaînes alimentaires de la Terre. Mais de quoi les plantes se nourrissent-elles ? Outre les minéraux et l'eau qu'absorbent leurs racines, elles produisent leur propre nourriture, le glucose, par un processus chimique appelé photosynthèse. Le soleil procure aux plantes l'énergie qui leur sert à produire leur propre nourriture, et les plantes procurent à leur tour aux animaux toute l'énergie dont ils ont besoin.

Mais les plantes herbacées ne servent pas qu'à nourrir ; elles jouent aussi d'autres rôles dans la nature :

- en contribuant à l'agglomération des particules de sol, leurs racines évitent que le sol ne soit emporté par la pluie ou le vent (l'érosion) ;
- par la photosynthèse, les plantes produisent d'importantes quantités d'oxygène, un élément essentiel dont tous les animaux, humains compris, ont besoin pour vivre ;
- dans les zones marécageuses, elles contribuent à filtrer l'eau en la débarrassant des sédiments et en absorbant l'excédent d'éléments nutritifs ;
- une fois mortes, elles enrichissent l'écosystème en se décomposant ;
- elles fournissent une multitude d'habitats à la faune.

Les activités qui suivent apprendront aux enfants de quoi une plante a essentiellement besoin pour vivre, et quels rôles importants les plantes herbacées jouent dans la nature.

LEÇON 11

Les ingrédients indispensables

Pour bien pousser, les plantes ont besoin de bonne terre, de lumière, d'eau et de chaleur. Les activités suivantes montrent aux élèves ce qu'il faut aux plantes pour vivre. La première activité, qui convient à de jeunes enfants, peut aussi servir de complément à la seconde.

Activités

1. Remettez aux élèves la fiche d'activité 8, « De bonnes conditions de croissance », en leur demandant de coller chacune des étiquettes sous l'illustration correspondante. Faites-leur colorier la fleur.

2. L'expérience consiste à faire pousser des haricots dans différentes conditions afin de voir quelles conditions assurent le mieux la croissance des plantes. Plusieurs semaines devront y être consacrées. Divisez la classe en neuf groupes dont chacun fera pousser ses haricots dans des conditions différentes. Les élèves consigneront leurs observations tous les jours sur la fiche d'activité 9, « La recette d'une bonne croissance ».

Les haricots placés dans un milieu humide devraient germer et pousser étant donné que la graine renferme une réserve de nourriture suffisante pour déclencher la germination et assurer la croissance de la plante les premiers temps. Une fois cette réserve épuisée, cependant, la plante ne poussera plus si elle n'absorbe pas d'éléments nutritifs par ses racines.

Pour chaque groupe, il vous faudra :

du terreau humide	des étiquettes
du terreau sec*	des stylos
de l'eau	des essuie-tout
des haricots	

* laissez sécher le terreau en sac à l'air libre pendant un ou deux jours car il est toujours humide.

Chacun des groupes fera son expérience dans les conditions suivantes, en procédant de la manière indiquée :

1. Obscurité (déposer seulement les haricots dans un pot qui sera placé dans un endroit sombre)

2. Lumière (déposer seulement les haricots dans un pot qui sera placé près d'une fenêtre)

3. Eau + obscurité (couvrir l'intérieur du pot d'essuie-tout complètement humidifiés avant d'y déposer les haricots; placer le pot dans un endroit sombre et veiller à ce que les essuie-tout ne s'assèchent pas)

4. Eau + lumière (couvrir l'intérieur du pot d'essuie-tout complètement humidifiés avant d'y déposer les haricots; placer le pot près d'une fenêtre et veiller à ce que les essuie-tout ne s'assèchent pas)

5. Terre sèche + obscurité (remplir le pot de terre aux trois quarts, y déposer les haricots et couvrir de 2 cm de terre; placer le pot dans un endroit obscur)

6. Terre sèche + lumière (remplir le pot de terre aux trois quarts, y déposer les haricots et couvrir de 2 cm de terre; placer le pot près d'une fenêtre)

7. Terre humide + eau + obscurité (remplir le pot de terre aux trois quarts, y déposer les haricots et couvrir de 2 cm de terre; placer le pot dans un endroit obscur et veiller à ce que la terre demeure humide)

8. Terre humide + eau + lumière + chaleur (suivre les indications données au groupe 7, mais en plaçant le pot près d'une source de lumière et de chaleur)

9. Terre humide + eau + lumière + froid (suivre les indications données au groupe 8, mais en plaçant le pot dans un endroit froid)

Remettez à chaque élève la fiche d'activité 9. Vérifiez avec la classe le matériel à utiliser et la marche à suivre. Il serait bon que chaque élève mette un haricot en place en suivant les instructions données à son groupe. Le fait d'utiliser plus d'un haricot par méthode compensera l'éventuelle non-germination de graines stériles ou abîmées.

Une fois l'expérience terminée, les élèves devront écrire sur leur fiche la recette des conditions favorisant la croissance des plantes. Découpez dans du carton bristol une fiche géante sur laquelle seront inscrites les recettes des élèves, que vous pourrez accrocher à un tableau d'affichage.

LEÇON 12

Les maillons de la vie

Expliquez aux élèves qu'une chaîne alimentaire se crée quand une chose en mange une autre. Quand quelqu'un mange une pomme, la chaîne alimentaire est soleil → pomme → humain. Le soleil fournit l'énergie nécessaire à la croissance du pommier et à la production des pommes. La pomme fournit de l'énergie à la personne qui la mange. Si vous mangez un hamburger, la chaîne alimentaire sera soleil → maïs → boeuf → humain. Le soleil fait pousser le maïs, le maïs nourrit le boeuf, et la viande du boeuf se retrouve dans le hamburger.

Dans la nature, le soleil et les plantes sont les premiers maillons de toutes les chaînes alimentaires.

Les plantes freinent également l'érosion du sol causée par le ruissellement de l'eau.

Elles fournissent aussi un abri à des milliers d'animaux.

Activités

1. Pour mieux faire comprendre aux élèves en quoi consistent les chaînes et les réseaux alimentaires, faites-leur remplir la fiche d'activité 10.

2. L'expérience suivante montrera aux élèves ce qui se produit quand la terre sur laquelle on verse de l'eau est nue, et quand celle-ci est couverte de végétation. L'eau a le même effet que la pluie qui tombe sur le gazon ou un champ en culture, ou sur le sol nu d'une terre en jachère ou d'un chantier de construction, par exemple. Les élèves devraient constater que l'eau a un effet d'érosion sur la terre nue, et arriver à la conclusion que la végétation protège en partie le sol contre l'érosion.

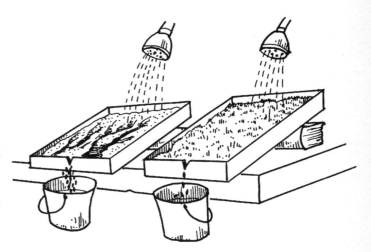

Nous vous proposons d'utiliser du gazon en plaques, mais si vous le préférez, vous pouvez aussi faire pousser vous-même le gazon en vous y prenant quelques semaines à l'avance. Si vous disposez de suffisamment de matériel, constituez de petits groupes d'élèves qui feront chacun leur propre expérience ; sinon, faites vous-même la démonstration.

Il vous faudra :
 de la terre
 du gazon en plaques
 un couteau
 deux boîtes de mêmes dimensions (de la taille
   d'une boîte à chaussures, ou plus grandes)
 des sacs de plastique
 deux seaux pour recueillir l'eau qui s'écoulera
 un arrosoir et de l'eau
 des livres pouvant servir d'appuis

Après en avoir doublé l'intérieur de sacs de plastique, remplissez les boîtes de terre jusqu'aux deux tiers.

Découpez un morceau de gazon s'insérant tout juste dans une des boîtes, dans laquelle vous l'étendrez.

Faites une entaille à une extrémité de chaque boîte jusqu'au niveau de la terre ou du gazon (reportez-vous à l'illustration).

Soulevez l'extrémité opposée de chacune des boîtes en l'appuyant sur un livre de façon à ce

que celle-ci soit légèrement inclinée. L'extrémité entaillée devrait se trouver au bord d'une table ou d'un pupitre. Installez les seaux sous les entailles pour que l'eau s'y écoule. Si vous craignez les éclaboussures, mettez du papier journal par terre.

Demandez aux élèves de dire ce qui se passera quand vous verserez la même quantité d'eau sur chacune des boîtes en tenant l'arrosoir à la même hauteur. Procédez à l'expérience pour voir ce qui se produit effectivement.

Demandez aux élèves de vous dire ce que l'eau représente. (la pluie) À quoi correspond le contenu de chacune des boîtes ? (le sol nu et le sol couvert de végétation) Que s'est-il passé quand on a versé de l'eau dans chacune des boîtes ? Pourquoi cela s'est-il produit ? L'action de l'eau qui emporte le sol s'appelle l'érosion. Demandez aux élèves quels problèmes cause l'érosion. Comment peut-on lutter contre l'érosion ?

Rendez-vous dans la cour d'école avec les élèves pour leur montrer quelle superficie y occupent la végétation, l'asphalte, le sol nu ou d'autres surfaces. Quels effets l'état des lieux a-t-il sur l'environnement ?

Nommez un endroit des environs où vous avez constaté que le sol subit une certaine érosion. Demandez aux élèves de vous proposer des solutions pour corriger la situation.

3. Demandez aux élèves d'encercler les abris d'animaux qu'ils voient sur l'illustration de la fiche d'activité 11.

Réponses

1. galle sur une verge d'or
2. nid de campagnol des champs
3. feuille abritant des larves de rouleur
4. nid de mulot
5. alouette et son nid
6. toile d'araignée
7. hutte de rat musqué
8. nid de troglodyte des marais
9. nid de carouge à épaulettes

S'adapter et se défendre

Demandez aux élèves s'ils savent ce qu'il faut porter pour faire de la plongée sous-marine (une combinaison isothermique ou un maillot de bain, un masque, une bouteille d'air comprimé, des palmes). Demandez-leur ensuite ce que portent les alpinistes dans les Rocheuses (des vêtements chauds, des bottes de montagne, des vêtements de pluie, des cordes et un pic). Tout comme le font les humains quand la situation l'exige, les plantes qui poussent dans toutes sortes de milieux savent s'y adapter. Nous verrons maintenant comment s'adaptent les plantes qui croissent dans des conditions extrêmes : les plantes aquatiques, les plantes de désert et les plantes de montagne ou alpines. Nous parlerons aussi des plantes qui ont besoin d'aide pour vivre : les plantes rampantes et les plantes grimpantes, les épiphytes et les parasites. Certaines plantes, par exemple celles qui ont des épines, possèdent des « armes » pour se défendre tandis que d'autres dont l'alimentation est pauvre sont capables d'attraper et de digérer des insectes. Les activités proposées dans les pages qui suivent feront découvrir à vos élèves des aspects fascinants de la faculté d'adaptation de certaines plantes.

LEÇON 13

L'adaptation au milieu aquatique

On classe parmi les plantes aquatiques les plantes flottantes telle la lentille d'eau, les plantes complètement immergées tel le millefeuille d'eau et les plantes émergentes telle la quenouille, dont les racines se trouvent sous l'eau mais dont les feuilles et les fleurs émergent en surface. Contrairement aux plantes terrestres, les plantes aquatiques n'ont pas besoin de faire provision d'eau — elles en sont entourées. Leur problème consiste plutôt à se trouver de l'air et à l'emmagasiner. Sur les plantes dont les feuilles flottent à la surface de l'eau tel le nénuphar, les stomates (de minuscules ouvertures) sont situés sur le dessus des feuilles, ce qui aide les plantes à « respirer ». Les trop grandes pertes d'eau ne sont pas à craindre dans leur cas. (Sur la plupart des plantes, les stomates se trouvent sur le revers de la feuille.) L'air qui entre par les feuilles se rend aux racines en empruntant les cavités à l'intérieur des longues tiges souples.

Les plantes immergées ont habituellement des feuilles plumeuses finement divisées que les courants ne risquent pas d'endommager. La « respiration » (les échanges de gaz) se fait ainsi sur une surface plus grande pendant la photosynthèse. En eau claire, la photosynthèse continue de se produire jusqu'à une profondeur de 6 m. Les plantes immergées ont souvent dans leurs feuilles et leurs tiges de nombreuses cavités où l'air est emmagasiné.

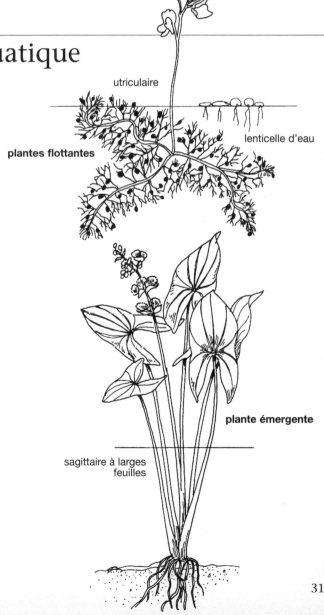

utriculaire

lenticelle d'eau

plantes flottantes

plante émergente

sagittaire à larges feuilles

31

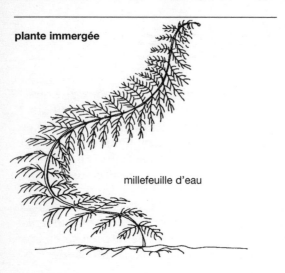

plante immergée

millefeuille d'eau

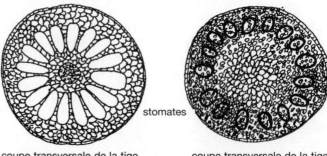

stomates

coupe transversale de la tige
d'une plante aquatique laissant
apparaître de grandes cavités
pour l'air

coupe transversale de la tige
d'une plante terrestre laissant
apparaître de petites cavités
pour l'air dans un tissu dense

LEÇON 14

L'adaptation au désert

Le cactus est probablement la plus connue des plantes de désert. Il fait partie des plantes dites succulentes, ou grasses, qui se caractérisent par leurs tiges, leurs feuilles ou leurs racines charnues où est emmagasinée l'eau. Chez le cactus, c'est dans l'épaisse tige succulente que se trouve la provision d'eau de la plante, sur laquelle le cactus peut vivre pendant des années jusqu'à la prochaine pluie. De plus, les cactus ont habituellement de très longues racines qui demeurent en grand nombre près de la surface du sol afin de capter le plus d'eau possible sur une grande superficie. Afin de réduire au maximum les pertes d'eau, certaines plantes grasses n'ouvrent leurs stomates que la nuit, quand la fraîcheur tombe et qu'elles transpirent moins. D'autres n'ont pas de véritables feuilles mais plutôt des épines par où moins d'eau se perd et qui tiennent à distance les animaux assoiffés qui pourraient être tentés par leurs tiges juteuses. Ces plantes produisent leur nourriture avec leurs tiges vertes.

Sur d'autres plantes grasses, ce sont les feuilles qui sont succulentes. La surface de ces épaisses feuilles charnues où l'eau est emmagasinée est cirée, ce qui réduit les pertes d'eau, et parfois aussi soyeuse ou laineuse, ce qui les protège de la chaleur et ralentit l'évaporation de l'eau.

Les plantes à racines succulentes ont d'épaisses racines qui leur servent de réservoir d'eau.

Comme il pleut rarement dans le désert, la végétation doit être prête à profiter de bonnes conditions de croissance presque sans avertissement. Beaucoup de plantes qui poussent dans le désert ont des graines spéciales qui attendent parfois pendant des années que la pluie tombe en quantité suffisante pour déclencher leur germination. La plante pousse, fleurit et produit ses graines en l'espace de quelques jours. On dit de ces plantes à croissance rapide qu'elles sont éphémères. Quelques jours après une pluie abondante, on voit parfois une portion de désert se couvrir d'un immense tapis de fleurs sauvages qui s'empressent de terminer leur cycle de vie avant de se dessécher.

Les cactus ne poussent pas tous dans le désert. La raquette de l'Est est une espèce en voie de disparition qui pousse dans la forêt tempérée décidue. Quelles caractéristiques indiquent qu'elle s'est adaptée à un milieu sec ? (Elle a des tiges charnues dans lesquelles l'eau est emmagasinée, et elle a transformé ses feuilles en épines afin de minimiser ses pertes d'eau et d'éloigner les animaux qui pourraient être tentés de la manger.)

Vous trouverez toutes sortes de plantes succulentes dans les magasins de plantes. Procurez-vous-en de petites (elles coûtent souvent moins cher) pour rendre plus vivante votre leçon sur la faculté d'adaptation des plantes.

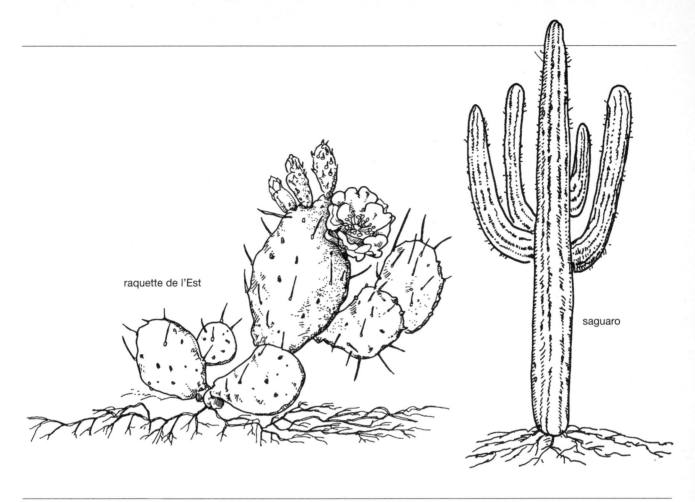

raquette de l'Est

saguaro

Activité

Laissez vos élèves constater par eux-mêmes que les plantes succulentes sont adaptées à l'absence d'eau pendant de longues périodes.

Il vous faudra :
    un cactus
    une plante succulente (crassulée, queue-d'âne, aloe vera, etc.)
    deux plantes non succulentes (impatiente, bégonia, etc.)
    un arrosoir et de l'eau
    une fiche d'observation grand format à afficher au mur
    des étiquettes « ne pas arroser » pour chaque plante

Voici comment procéder :
Demandez aux élèves de vous dire quelles plantes sont succulentes d'après leur apparence.

Placez les plantes étiquetées devant une fenêtre qui dégage de la chaleur, sans les arroser.

Demandez aux élèves de vous dire quelles plantes s'en sortiront le mieux.

Confiez à différents élèves le soin d'examiner les plantes chaque jour et de noter leurs observations sur la fiche murale.

Poursuivez l'expérience jusqu'à ce que les deux plantes non succulentes montrent des signes de flétrissement ou commencent à perdre des feuilles. Mais ne les laissez pas mourir. Quand il sera clair qu'elles manquent d'eau, mettez fin à l'activité et passez aux questions. Il serait bon que vous vous occupiez en classe des plantes flétries afin d'apprendre aux élèves à respecter tous les organismes vivants, plantes comprises.

1. Quelles plantes avaient l'air le plus en santé à la fin de l'expérience ? Pourquoi l'étaient-elles ?

2. Quelles plantes ont le plus souffert du manque d'eau ? Pourquoi ?

3. Quel aspect les plantes mal en point avaient-elles quand elles manquaient d'eau ?

4. Quel genre de climat conviendrait le mieux à chacune des plantes ?

L'adaptation à la montagne

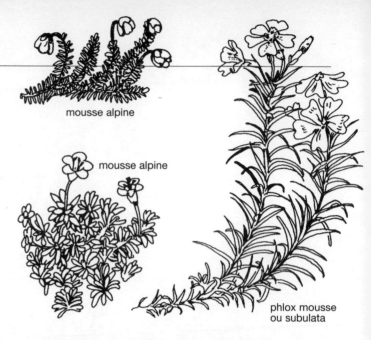

mousse alpine

mousse alpine

phlox mousse
ou subulata

Les alpinistes savent qu'il fait souvent très froid et qu'il vente beaucoup au sommet des montagnes. Les plantes qui poussent en altitude doivent supporter des conditions rigoureuses : étés courts, basses températures, vent glacial, faibles précipitations et sol peu profond ou gelé. Les plantes alpines sont donc plutôt basses et compactes ; elles forment des tapis ou d'épais « coussins » qui résistent au vent et leur évitent de trop perdre d'eau. Étant donné que la saison de croissance est courte, ces plantes fleurissent rapidement au printemps afin de produire des graines avant le retour de l'hiver.

Les plantes qui poussent en altitude risquent aussi d'être endommagées par les rayons ultraviolets du soleil. Les alpinistes et les skieurs portent des écrans solaires protecteurs, mais que font les plantes ? Beaucoup possèdent leur propre écran solaire —

Les pépinières vendent de nombreuses espèces de plantes alpines destinées aux rocailles. Le phlox mousse (qui n'est pas une mousse), une vivace commune, est un bon exemple de plante alpine bien adaptée à son milieu.

un duvet blanc qui les protège des rayons ardents du soleil et leur évite de trop perdre d'eau tout en les isolant du froid.

À la conquête du soleil

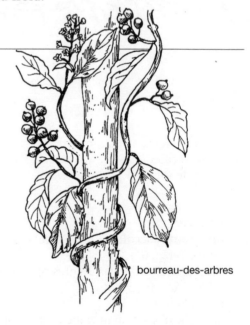

bourreau-des-arbres

Faites venir trois élèves devant la classe. Placez un objet à un endroit élevé hors de leur portée. Demandez-leur de trouver un moyen d'atteindre l'objet en question sans aucun accessoire. Idéalement, ils penseront à se mettre à deux pour soulever le troisième. Une fois la démonstration terminée, demandez aux élèves de dire ce qu'ils ont vu. Faites le rapprochement avec les plantes qui poussent à l'ombre. Pour pouvoir atteindre la lumière, elles doivent prendre appui sur une plante voisine, souvent un arbre. Les plantes grimpantes ou adhérentes tels les lierres et les lianes ont recours à différents « subterfuges » pour monter vers la lumière :

1) Certaines s'enroulent autour d'un tronc d'arbre en s'élevant à chaque tour. C'est ce que font les liserons, de même que bien des lianes indigènes comme le bourreau-des-arbres.

2) D'autres produisent des vrilles excitables (des feuilles modifiées) qui s'enroulent en spirale autour d'un support pour y grimper. Le pois est un bon exemple de plante munie de vrilles. Les vrilles des vignes et de certains lierres, dont la

vigne vierge du Japon, se terminent par de petites « ventouses » qui s'agrippent à la surface des troncs d'arbre ou des murs, ce qui permet au lierre d'y adhérer fermement pour grimper toujours plus haut.

3) D'autres encore ont des épines, des racines ou des poils qui leur permettent de s'accrocher ou de se suspendre à une plante hôte. Certains rosiers enfoncent leurs épines dans un support pour y grimper.

fleur d'églantier

Étant donné que les plantes grimpantes sont enracinées dans le sol où elles puisent l'eau et les minéraux dont elles ont besoin, la plante hôte ne leur sert que de support. D'autres plantes appelées épiphytes, qui ont elles aussi besoin de soleil, ne sont pas enracinées dans le sol. Certaines germent et poussent dans les plus hautes branches des arbres, là où la lumière les atteint. Leurs besoins en eau sont satisfaits par la pluie, qu'elles emmagasinent parfois dans des tiges charnues (certaines orchidées) ou qu'elles recueillent dans une cavité en forme de coupe (certaines broméliacées). On trouve aussi des algues, des lichens et des mousses parmi les plantes épiphytes.

Les feuilles en pointe de ce bromélia tropical dirigent l'eau vers un puits central. Un gros bromélia peut emmagasiner 5 l d'eau et même servir de « bassin d'élevage » à des têtards de rainette !

Activités

1. Vous n'aurez besoin que de quelques articles faciles à trouver pour montrer à vos élèves comment faire pousser des pois. Cette expérience leur permettra de voir comment les vrilles se dirigent vers un support pour s'y agripper. Une fois qu'elles y sont enroulées, elles se mettent à raccourcir en vrillant, ce qui tire la plante vers le support et vers le haut.

Si vos élèves font cette activité au printemps, ils pourront transplanter leurs pois au jardin.

Il vous faudra :
des pois*
des pots
du terreau d'empotage
des tuteurs de 20 à 30 cm
des étiquettes
un arrosoir et de l'eau

* Les pois germeront plus vite si vous les faites tremper dans l'eau toute une nuit avant de les semer. Prévoyez environ 5 pois par élève au cas où certains ne germeraient pas. Les élèves devront vérifier l'état du terreau tous les jours et arroser au besoin.

Les élèves doivent d'abord poser sur leur pot une étiquette à leur nom. Ils versent ensuite du terreau jusqu'aux deux tiers du pot avant d'y déposer les pois en surface, à égales distances, qu'ils recouvrent alors d'environ 2 cm de terreau. Ils arrosent jusqu'à ce que la terre soit bien humide. Si des pois sont découverts par l'arrosage, il faut remettre du terreau.

L'étape suivante consiste à enfoncer des tuteurs dans la terre, près du bord du pot, à une profondeur de 5 à 7 cm. Les élèves installent enfin leur pot devant une fenêtre bénéficiant d'un bon

pois

35

ensoleillement. Il faut vérifier l'état du sol tous les jours et arroser quand la surface se dessèche.

À mesure que la plante poussera, les élèves verront apparaître les vrilles qui iront s'enrouler en spirale autour des tuteurs pour permettre à la plante d'y grimper.

2. La vigne d'appartement est une plante grimpante de culture facile que vendent la plupart des magasins spécialisés. Apportez-en une en classe où vous l'installerez dans un endroit bien éclairé. Tendez des ficelles sur lesquelles les tiges pourront grimper (reportez-vous à l'illustration). Au cours des semaines qui

suivront, vos élèves pourront voir les tiges s'enrouler autour des supports et la plante pousser en hauteur.

LEÇON 17

La diversité des habitats

Étant donné que les plantes poussent aussi bien dans des étangs ou dans le désert, que dans la jungle ou au sommet des montagnes, la nature les a dotées de caractéristiques particulières qui leur permettent de se maintenir en vie.

Activité

Demandez aux élèves d'indiquer l'habitat des six plantes illustrées sur la fiche d'activité 12.

Réponses : 1. jungle ; 2. désert ; 3. jungle ; 4. étang ; 5. montagne ; 6. désert.

LEÇON 18

L'instinct de défense

Quand elles sont menacées, les plantes sont incapables de se sauver comme nous pouvons le faire. Il leur faut donc souvent disposer de moyens de se protéger des animaux, et même des humains.

Activité

Demandez aux élèves de vous dire comment se défendent les quatre plantes illustrées sur la fiche d'activité 13.

Réponses
• Le houx a des feuilles dures et coriaces aux bords épineux qui éloignent les animaux.
• La cardère, ou chardon à foulon, a des fleurs hérissées de pointes et une tige épineuse ; ses feuilles, qui poussent par paires, forment autour de la tige une petite coupe où se noient les insectes qui se risquent à y grimper à la recherche de nourriture.
• Le chardon des champs a une tige et des feuilles épineuses, ainsi que des bractées rigides qui forment un écran protecteur autour de la fleur.
• La grande ortie a une tige garnie de petites épines de la taille d'aiguilles qui laissent une substance irritante sur la peau quand on a le malheur d'y toucher.

36

CHAPITRE SEPT

La multiplication et la division

Invitez trois élèves à venir relever un défi devant la classe. Remettez au premier deux tranches de pain, au deuxième un couteau à beurre, et au troisième un bocal de beurre d'arachide. Dites-leur qu'ils ont cinq minutes pour que chacun d'eux ait devant lui le tiers d'un sandwich au beurre d'arachide. Idéalement, les trois élèves collaboreront, mettront leurs ressources en commun et confectionneront le sandwich ensemble.

Parlez de collaboration, d'entraide, et expliquez à la classe que tous peuvent profiter des résultats atteints. Demandez aux élèves de penser à des situations dans la nature où différents organismes s'entraident.

La pollinisation est un exemple de situation où des plantes et des animaux s'entraident. La différence par rapport au défi du sandwich au beurre d'arachide, c'est que la plante et l'animal ne décident pas consciemment de s'entraider. C'est plutôt que chacun a évolué de façon telle qu'il doit compter sur l'autre pour se maintenir en vie.

Nous parlerons maintenant de pollinisation par les insectes et d'autres animaux, par le vent et par la gravité, qui permet aux plantes de se reproduire par leurs graines. Nous verrons aussi comment certaines plantes se reproduisent sans l'aide de graines. Une fois formées, les graines doivent pouvoir se disperser et germer. Les élèves apprendront comment les choses se passent en jouant à un jeu de table et en faisant une expérience simple.

LEÇON 19

Des partenaires de pollinisation

Les fleurs qui doivent attirer les animaux pour que la pollinisation se fasse ont souvent une forme, une couleur ou un parfum particuliers. L'insecte, la chauve-souris ou l'oiseau qui s'y pose pour prendre une «gorgée» de nectar repart la tête ou le corps couvert de pollen (cellules mâles).

Quand l'animal se pose sur une autre fleur, le pollen se dépose sur le pistil (organe femelle) de cette fleur — c'est ce qu'on appelle la pollinisation. Au moment de l'union des cellules mâles et des cellules femelles, une graine se forme. L'animal a donc pu se nourrir grâce à la fleur, qui a été fécondée et a produit une graine grâce à l'animal.

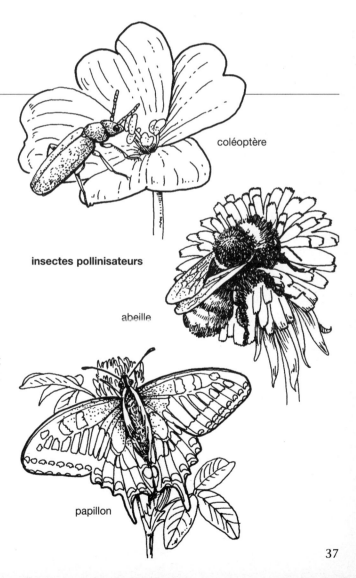

coléoptère

insectes pollinisateurs

abeille

papillon

Activité

En suivant les instructions sur la fiche d'activité 14, les élèves pourront «voir» une abeille féconder des fleurs tout en buvant leur nectar.

LEÇON 20

La complicité du vent

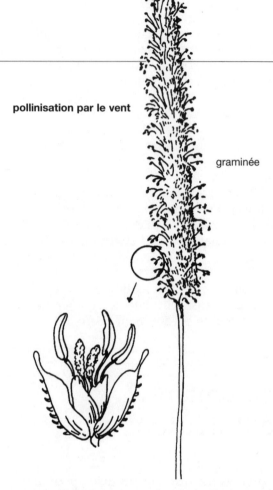

pollinisation par le vent

graminée

Les fleurs ne comptent pas uniquement sur les animaux pour se multiplier. Chez certaines, le pollen se dépose simplement par gravité sur le pistil, tandis que chez d'autres, le vent s'en mêle.

Il n'est pas important que les fleurs fécondées par le vent soient grosses et belles : le vent est indifférent à leur apparence. Il faut cependant que les grains de leur pollen soient légers et se trouvent sur des anthères bien exposées afin que la brise les transporte facilement. Les pistils doivent aussi être bien exposés afin que les grains de pollen transportés par le vent se déposent par hasard sur le stigmate où se fera la pollinisation. Étant donné que la part du hasard est beaucoup plus grande dans ce cas-ci que dans celui de la pollinisation par un animal qui «déménage» le pollen d'une fleur à l'autre, les fleurs qui doivent compter sur la complicité du vent produisent normalement bien plus de pollen que les autres afin d'augmenter leurs chances de réussir. La pollinisation de beaucoup d'arbres et de graminées se fait par le vent.

Atchoum! Passez-vous la belle saison à avoir le nez qui coule et la larme à l'oeil? Voici ce qui provoque ce rhume des foins. À l'époque de l'année où se fait la pollinisation par le vent, l'air est chargé de millions de grains de pollen. La plupart ne sont pas incommodants, mais certains, notamment ceux de l'herbe à poux, peuvent causer des malaises très désagréables. Tout tient à la forme du grain. Ceux qui sont ronds et dont la surface est lisse sont

habituellement inoffensifs mais d'autres, comme ceux de l'herbe à poux, qui sont hérissés de pointes, se logent dans votre nez et vous font éternuer.

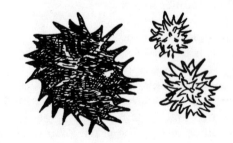

Activité

La fiche d'activité 15 aidera vos élèves à voir quelles plantes sont fécondées par un animal et quelles plantes le sont par le vent.

Réponses
trille : animal; orchidée : animal; herbe à poux : vent; graminée : vent; rose trémière : animal.

La multiplication sans graines

Toutes les plantes produisent des graines, mais chez certaines, la propagation se fait aussi par d'autres modes de multiplication :

Les bulbes — Le bulbe est en fait un bourgeon entouré de courtes feuilles renflées aux tiges souterraines aplaties. La nourriture que produit la plante au printemps et en été est emmagasinée dans le bulbe pendant l'hiver. Cette réserve de nourriture fournit à la plante l'énergie dont celle-ci a besoin pour pousser l'année suivante. Certains bulbes produisent chaque année de nouveaux bulbes à leur base. En se séparant du bulbe principal, ils donnent naissance à de nouvelles plantes.

Les tubercules — La pomme de terre est probablement le tubercule le mieux connu. En fait, c'est une tige souterraine renflée qui sert de réserve nutritive nécessaire à la production de nouvelles plantes. Étant donné qu'on les déterre pour les manger, les pommes de terre ont rarement l'occasion de se reproduire. On en voit parfois germer spontanément en entreposage. Les « yeux » donnent alors naissance à des tiges feuillues qui puisent dans la réserve de nourriture de la pomme de terre pour poursuivre leur croissance.

Les rhizomes — Les rhizomes sont d'épaisses tiges horizontales souterraines qui, chez certaines espèces, affleurent à la surface du sol. L'iris est un bon exemple de plante à rhizome. Quand le rhizome atteint une certaine taille, il peut se diviser en plusieurs rhizomes capables de produire les racines, les tiges et les feuilles d'une nouvelle plante. Quand ses touffes de plantes à rhizome atteignent une certaine taille, le jardinier qui souhaite obtenir de nouvelles plantes les déterre et brise à la main (ou à la pelle) les rhizomes avant d'en replanter chaque section.

Les tiges rampantes ou stolons — Certaines plantes dont le fraisier et différents lierres grimpants ont de longues tiges ressemblant à des fils qui croissent couchées sur le sol. Quand ces stolons (c'est leur nom) atteignent une certaine longueur, le bourgeon axillaire situé à la base d'une feuille s'enracine pour produire une nouvelle plante. La propagation se poursuit ainsi jusqu'à ce que se forme un véritable tapis de plantes reliées par leurs stolons.

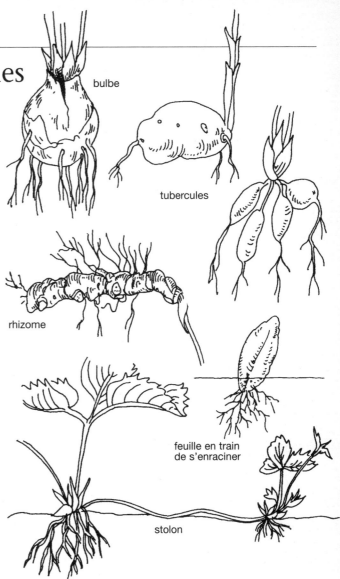

bulbe

tubercules

rhizome

feuille en train de s'enraciner

stolon

Les feuilles qui s'enracinent — Les feuilles charnues des plantes succulentes gardent en réserve l'eau dont la plante a besoin pour survivre à de longues périodes de sécheresse. Quand une feuille tombe au sol, elle conserve assez longtemps sa fraîcheur étant donné qu'elle ne se dessèche pas aussi rapidement que des feuilles non charnues. Pour peu qu'elle tombe au bon endroit, la feuille s'enracinera et produira une nouvelle plante.

S'agripper, s'envoler ou se propulser

La taille des graines varie à l'infini, tout comme leur forme, leur couleur et leur structure. Qu'elles soient minuscules comme celles de l'orchidée ou « énormes » comme celles du cocotier, les graines se dispersent de toutes sortes de manières. Mais pourquoi est-ce si important pour elles d'être « transportées » ? Pour croître, les plantes ont besoin d'eau, de terre, de nourriture et de lumière. Or plus il y a de plantes au même endroit, plus celles-ci se font concurrence. En dispersant ses graines, la plante contribue à prévenir le surpeuplement et l'épuisement des réserves de nourriture. Grâce à la dispersion de leurs graines, les plantes se ressèment ailleurs, ce qui a l'avantage d'assurer leur survie advenant qu'une « catastrophe » ne détruise toutes les graines au premier endroit.

Activités

1. Laissez aux élèves le temps de lire la fiche d'activité 16 qui les aidera à comprendre comment voyagent les graines.

2. Faites des photocopies de la fiche d'activité 17, que vous laminerez si cela est possible. Remettez aux élèves différentes sortes de graines en guise de pions. Vous pouvez organiser des parties par petits groupes, ou encore laisser le jeu au centre d'apprentissage. En jouant à ce jeu, vos élèves se renseigneront sur les différents modes de dispersion des graines : animaux, vent, gravité, eau, feu.

3. Pour que la plante se reproduise, il ne suffit pas que ses graines se dispersent. Il faut encore que la graine tombe au bon endroit, ce qui n'est qu'une question de chance. Pour qu'elle puisse un jour produire à son tour des graines, la plante aura besoin d'eau, de lumière, de terre suffisamment riche et de températures lui convenant. Mais au début, c'est d'abord et avant tout d'humidité qu'aura besoin la graine pour germer. L'activité suivante enseigne aux élèves quel rôle indispensable joue l'eau dans la germination des graines.

Il vous faudra :
deux bocaux de verre munis d'un bouchon de liège
des haricots mungo secs
de l'eau
une tasse ou un cylindre gradué

Voici comment procéder :
Remplissez les bocaux de haricots jusqu'au rebord.

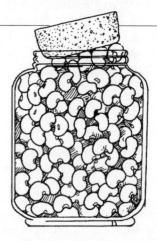

Poussez fermement un bouchon de liège sur un des bocaux. Avec la tasse graduée, ajoutez de l'eau jusqu'au bord dans l'autre bocal en notant la quantité versée. Insérez fermement l'autre bouchon dans l'ouverture.

Demandez aux élèves de prédire ce qui se produira d'ici un jour ou deux. (Les haricots qui trempent dans l'eau l'absorberont et se gonfleront au point de faire sauter le bouchon. Il ne se passera rien dans l'autre bocal.)

Parlez des résultats en classe. Les graines ont besoin d'eau pour germer. À mesure qu'elles se gorgent d'eau, les cellules de la graine se gonflent au point d'en faire éclater l'enveloppe. C'est la pression du gonflement et de l'expansion des cellules qui finit par pousser la première racine et la première pousse dans le sol, et qui permet à la première feuille (ou aux premières feuilles) de percer à la surface, en quête de lumière.

Il ne vous reste plus qu'à retirer la plus grande partie de l'eau restante du bocal et à laisser pousser les germes pendant quelques jours avant de vous en régaler !

4. Remettez aux élèves une copie de la fiche d'activité 18. Faites-leur découper les dix cases, qu'ils empileront ensuite par ordre chronologique. En agrafant la pile du côté gauche, ils obtiendront un petit «livre» qui fait voir la germination d'une graine quand on le feuillette rapidement.

5. L'activité suivante montre d'autres modes de reproduction aux élèves.

Il vous faudra :
une plante en pot à feuilles charnues (par ex., une crassule)
une plante en pot avec un stolon (par ex., un fraisier ou un chlorophyte chevelu, cette plante qui ressemble à une araignée)
une plante à rhizome (par ex., un iris)
un tubercule (par ex., une pomme de terre porteuse d'«yeux»)
un bulbe (par ex., un oignon ou un bulbe de tulipe)
des pots et du terreau
un arrosoir et de l'eau
des étiquettes et une plume

Voici comment procéder :
Apposez sur chaque plante une étiquette indiquant son mode de multiplication sans graine (bouture de feuille, stolon, rhizome, tubercule, bulbe).

Laissez les élèves examiner chacun des spécimens. Parlez avec eux des différents modes de multiplication en utilisant l'information des pages précédentes.

Essayez de faire enraciner des feuilles de votre crassule (ou autre plante succulente) en les couchant simplement à la surface du sol, qui devra demeurer humide pendant les prochaines semaines. Couvrez les feuilles et le sol d'une pellicule de plastique afin que le sol ne se dessèche pas.
Plantez la pomme de terre et laissez-la pousser. Au bout de quelques semaines, déterrez le tubercule pour montrer aux élèves ce qui lui est arrivé. (Il se sera atrophié à mesure que la plante aura puisé dans sa réserve de nourriture pour croître. Il se formera de nouveaux tubercules (des pommes de terre) où sera emmagasinée la nourriture produite par la nouvelle plante.)

Si le fraisier a de longues tiges rampantes (stolons), placez un pot de terre fraîche à côté de la plante afin que le stolon touche la surface du sol. Le stolon s'enracinera peut-être. Si l'expérience réussit, coupez le stolon quand la plante sera bien établie, ce qui vous donnera deux fraisiers.

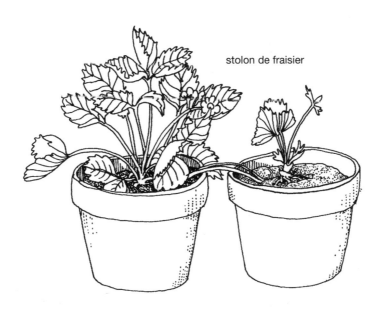

stolon de fraisier

CHAPITRE HUIT

À la recherche des plantes

Quand arrive l'hiver, les animaux s'endorment, hibernent, migrent ou tiennent bon. Mais qu'en est-il des plantes? Une fois le gel bien installé, on ne voit plus de fleurs vivantes qu'à l'intérieur de nos maisons. Qu'arrive-t-il alors? Les plantes annuelles meurent à la fin de chaque saison de croissance. C'est le cas de plantes aussi communes que le pétunia et l'oeillet d'Inde. En général, les annuelles produisent des graines en abondance afin d'assurer leur reproduction l'année suivante. Elles dispersent leurs graines avant le gel, après quoi elles meurent. Les graines peuvent supporter le froid, et certaines en ont même besoin pour germer le printemps suivant.

Les plantes vivaces, qui produisent elles aussi des graines, ne meurent pas complètement l'hiver. La partie aérienne de vivaces sauvages comme le trillium, la sanguinaire, la violette et l'hépatique meurt effectivement, tandis que la partie souterraine (racines, tubercule ou rhizome) demeure en vie mais inactive. Quand le temps se réchauffe au printemps et que le sol dégèle, les racines se mettent à boire et les plantes reprennent rapidement leur croissance.

LEÇON 23

En hiver

Vers la fin de l'automne, emmenez vos élèves dans un champ pour y observer les tiges mortes de fleurs sauvages comme l'oseille, le chardon, la verge d'or et l'aster. Profitez-en pour ramasser des graines qui vous serviront à nourrir les oiseaux du voisinage. Si vous faites votre excursion à la fin de l'hiver, vous verrez peut-être des plantes sauvages printanières qui commencent à pointer sous la neige. Quand le printemps approchera, essayez de faire en classe des semis de fleurs ou de légumes que vous pourrez planter à l'extérieur après le dernier gel.

Quand on ne voit plus les taches de pourpre et de doré des asters et des verges d'or dans les champs et au bord des routes, c'est que l'hiver est à nos portes. Beaucoup de fleurs d'été et d'automne que le gel a tuées se tiennent toujours debout. Faites une balade dans les champs avec vos élèves pour leur montrer les tiges dressées et les têtes séchées des fleurs sauvages et des graminées. Vous devriez constater que les graines qui donneront naissance à de nouvelles plantes l'année suivante sont bien apparentes sur les têtes de beaucoup de fleurs mortes. Ces graines ne font pas qu'assurer la multiplication de la plante; elles représentent aussi une importante source de nourriture pour la faune (oiseaux, souris, campagnols, rats, ratons laveurs, écureuils, tamias, etc.).

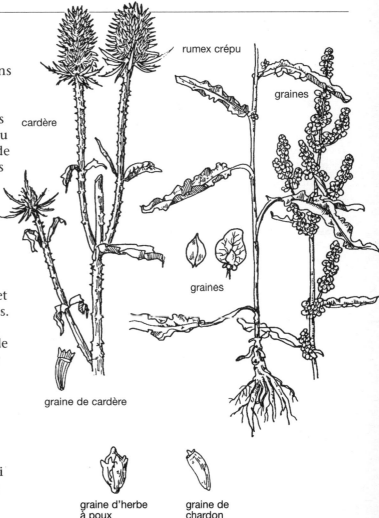

cardère

rumex crépu

graines

graines

graine de cardère

graine d'herbe à poux

graine de chardon

Ce sont surtout les oiseaux que l'on voit en train de manger des graines. Les élèves qui ont une mangeoire à la maison sont probablement capables d'identifier les oiseaux qui s'y présentent le plus souvent (geais bleus, mésanges, cardinaux, chardonnerets, roselins familiers, etc.). Les plantes mortes qui se dressent encore dans les champs et les jardins sont des mangeoires naturelles. Par exemple, 31 espèces d'oiseaux se nourrissent de graines d'oseille commune, et 64, de graines d'herbe à poux. Ramassez des graines pour les mangeoires que vous fabriquerez en classe. Vous pourrez ajouter des graines du commerce à vos graines de fleurs sauvages pour qu'il y en ait suffisamment pour tout le monde. Ainsi, d'autres animaux pourront se nourrir des graines que vous n'aurez pas ramassées.

Couvrez votre mangeoire de carton avec du suif que vous aurez préparé en faisant fondre de la graisse de boeuf (la graisse de porc est trop salée) puis en la laissant refroidir. Il y en a parfois au rayon de la boucherie dans les supermarchés. On recommande aussi souvent d'utiliser le beurre d'arachide ; les avis sont cependant partagés, certaines personnes estimant qu'il vaut mieux ne pas en donner aux oiseaux. Fabriquez des mangeoires que vous suspendrez dans la cour d'école si l'endroit s'y prête. En mettant des graines différentes sur chacune des mangeoires, vous pourrez faire des comparaisons. Sur un tableau ou une liste d'observation que vous aurez affiché bien en vue, les élèves pourront écrire le nom des oiseaux qui visitent leurs mangeoires à la maison et à l'école. Mettez à leur disposition un guide d'oiseaux qu'ils pourront consulter au besoin.

Activités

1. Rendez-vous dans un champ avec votre classe. Demandez aux élèves de trouver des plantes sauvages porteuses de capsules de graines séchées. Dites-leur de ne briser ni la tige ni la tête de la fleur. Faites-leur observer la forme et la texture des capsules, ainsi que la disposition des graines.

   Insérez la tête de la fleur dans un sac que vous maintiendrez fermé tout en le secouant pour faire tomber des graines. Mettez différentes sortes de graines dans différents sacs. Répétez l'opération autant de fois qu'il le faudra pour obtenir suffisamment de graines.

   Profitez de l'occasion pour dire aux élèves de trouver sur place un bâton (d'environ 20 cm) dont ils se serviront pour fabriquer leur mangeoire.

   De retour en classe, invitez les élèves à bien examiner les différentes sortes de graines à la loupe. Faites-leur comparer les formes, les couleurs et les grosseurs.

   Mettez dans des soucoupes différentes sortes de graines ramassées dans les champs que les élèves pourront se partager. S'il n'y en a pas assez, mettez aussi des graines du commerce dans d'autres soucoupes.

2. Fabriquez des mangeoires pour la maison ou la cour d'école.

   Pour chaque mangeoire, il vous faudra :
   un tube de rouleau de papier hygiénique en
      carton
   du suif
   une soucoupe de graines d'oiseau
   un bout de ficelle d'environ 50 cm
   des ciseaux
   un bâton d'environ 20 cm, de l'épaisseur d'un
      crayon
   un racloir

   Voici comment procéder :
   Avec le racloir, étendez du suif sur toute la surface extérieure du tube de carton. Roulez ensuite le tube dans les graines pour qu'il en soit couvert.

   Avec la pointe des ciseaux, percez deux trous de part et d'autre du tube juste au-dessus du bord

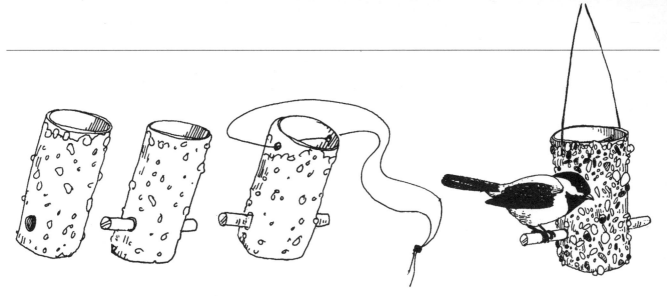

inférieur (voir l'illustration). Insérez votre bâton dans les deux trous en laissant les bouts dépasser également. Les oiseaux pourront s'y percher.

Percez deux autres trous de chaque côté, près du bord supérieur du tube (voir l'illustration). Faites passer votre bout de ficelle par les deux trous et reliez les deux extrémités par un noeud bien serré. Suspendez votre mangeoire par la ficelle à une branche d'arbre, à une corde à linge, à un portique de balançoire, etc.

Surveillez votre mangeoire pendant tout l'hiver et observez les oiseaux qui viennent y manger. Si cela est possible, installez des mangeoires à l'école. Voyez quelles espèces d'oiseaux sont attirées par chaque sorte de graine.

3. Vers la fin de l'hiver, emmenez vos élèves dans un boisé pour y voir les signes avant-coureurs du printemps. En creusant dans la neige à la recherche de plantes en « hibernation » à floraison printanière, vos élèves découvriront par eux-mêmes comment ces plantes passent l'hiver. Demandez-leur de faire une carte rudimentaire sur laquelle ils pourront marquer l'emplacement des plantes trouvées. Le printemps venu, une autre visite au même endroit leur permettra de voir s'ils ont bien fait leur travail hivernal de détective.

Choisissez un boisé où vous avez déjà vu des plantes à floraison printanière les années précédentes. Si vous vous rappelez où exactement certaines d'entre elles étaient en fleurs, tant mieux! Sinon, concentrez vos recherches dans des lieux découverts, loin des arbres.

S'il y a beaucoup de neige, servez-vous d'une pelle pour dégager la zone où se feront les recherches. Retirez doucement les feuilles mortes à la main, et cherchez des feuilles de plantes en hibernation. Il s'agit de plantes dont les tiges sont mortes mais dont les racines et, parfois, les feuilles basilaires, sont toujours vivantes. Au lieu de se reproduire par semis, elles reprendront leur

sanguinaire (en fleurs)

hépatique (en fleurs)

croissance à partir de leurs racines. En hiver, leur présence est signalée par un anneau bien serré de feuilles vertes au niveau du sol, ou par des restes de feuilles mortes au travers desquelles perceront les nouvelles pousses. Essayez de trouver des hépatiques ou du gingembre sauvage, par exemple.

Votre «enquête» terminée, recouvrez à nouveau les plantes endormies de feuilles mortes et de neige pour les protéger du froid.

4. Pour mieux supporter l'hiver qui n'en finit plus, bien des gens se paient une «bouffée de printemps» en feuilletant les catalogues de grainetiers. Demandez à vos élèves s'il y a un jardin, des jardinières à suspendre ou des bacs à fleurs chez eux, et s'ils savent d'où viennent les plantes qui y poussent chaque année. Faites-leur faire des semis de fleurs ou de légumes, et cultiver les plants qui seront transplantés à l'extérieur dans un jardin ou une jardinière quand tout risque de gel sera passé vers la fin du printemps (la date varie d'une région à l'autre). Prévoyez de six à huit semaines de culture à l'intérieur avant la transplantation à l'extérieur. Les plants devraient alors avoir au moins deux paires de feuilles. Il faut veiller à ne pas briser les racines au moment de la transplantation. Montrez à vos élèves comment procéder avant de les laisser emporter leurs plants à la maison pour les y transplanter.

Les graines de tomate donnent de bons résultats, tout comme celles de haricot, d'aubergine, de concombre, de zinnia, d'oeillet d'Inde, de lavatère, de tournesol et de cosmos.

Donnez à chaque élève deux petits pots vides (de yogourt, par exemple) qu'il remplira de terreau. Proposez aux élèves de faire un semis de fleur dans le premier, et de légume dans l'autre. Dites-leur d'apposer sur leurs pots une étiquette portant leur nom et le nom de l'espèce semée. Il vaut mieux semer de 4 à 5 graines par pot.

Les pots doivent être installés dans un endroit ensoleillé. Les élèves devront voir à arroser leurs plants dans les semaines qui suivront. Avant de quitter pour la fin de semaine ou un congé, vérifiez si le sol est humide.

Quand les plants seront vigoureux et que le temps le permettra, montrez aux élèves

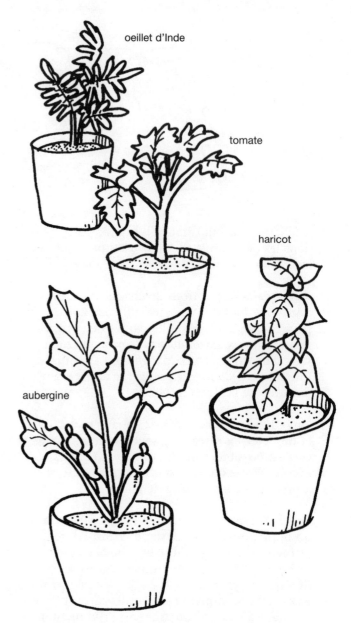

oeillet d'Inde

tomate

haricot

aubergine

comment en faire la transplantation dans un pot plus grand ou au jardin. En gardant les racines enveloppées dans une motte de terre, soutenez doucement le dessous de la plante pour la déplacer.

Creusez un trou à l'endroit choisi et versez-y un peu d'eau. Installez-y le plant et ajoutez de la terre pour remplir le trou, en pressant fermement autour de la tige du bout des doigts.

Demandez aux élèves de vous dire où ils ont planté leurs plantes à la maison, et comment progresse leur culture.

Dans les champs

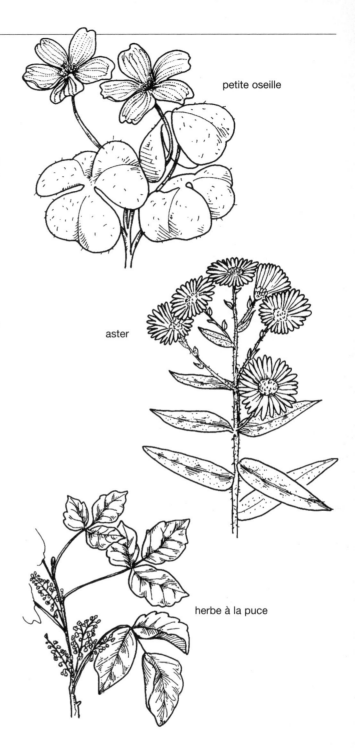

petite oseille

aster

herbe à la puce

Les gens qui aiment avoir une pelouse impeccable d'herbe bien verte et uniforme dépensent chaque année des millions de dollars dans ce but. Ce genre d'aménagement n'a rien de naturel. Aidez vos élèves à découvrir la diversité des plantes en les emmenant en excursion en plein champ ou dans un boisé de feuillus. Profitez-en pour les encourager à sentir les plantes et à y toucher (en vous assurant d'abord qu'il n'y a pas d'herbe à la puce dans les environs). Par exemple, connaissez-vous la matricaire odorante? C'est une plante très répandue dans les champs, au bord des routes et dans les fentes de trottoir. Quand on les écrase, les feuilles dégagent une agréable odeur d'ananas. Vous pouvez aussi inviter vos élèves à goûter aux plantes sauvages pourvu que vous n'ayez AUCUN DOUTE CONCERNANT LEUR IDENTITÉ. La petite oseille et la gaulthérie sont deux bons exemples de plantes communes qui ont bon goût et sont inoffensives. Si vous entretenez un doute, abstenez-vous de goûter. Avant de partir en excursion, expliquez aux élèves qu'ils ne doivent pas manger de plantes sauvages sauf si on les autorise à le faire.

La beauté des fleurs tient en partie à leur parfum. Celui qu'exhalent certaines fleurs sert à attirer les pollinisateurs, mais nous y sommes aussi sensibles. Il n'y a rien comme la senteur d'un pot-pourri composé de fleurs et de fines herbes cueillies au printemps et en été pour égayer un jour triste d'automne ou d'hiver. On peut aussi fabriquer une pièce murale de tiges de graminées et d'autres plantes tissées. Des tiges séchées de graminées et de fleurs sauvages hautes feront très bien l'affaire, tout comme certaines des fleurs séchées qui pourraient rester une fois le pot-pourri terminé.

Activités

1. L'activité suivante donne à vos élèves l'occasion d'examiner de très près les plantes sur lesquelles ils marchent normalement dans les champs, sur les pelouses et dans les bois. Idéalement, l'activité devrait être répétée dans chacun de ces milieux afin que les élèves puissent comparer ce qui pousse dans différentes conditions. Cela n'est cependant pas indispensable. Choisissez simplement l'endroit qui vous paraît le plus intéressant.

Munissez-vous de guides d'identification pour les élèves qui souhaiteraient les consulter. Il n'est cependant pas recommandé de mettre l'accent sur l'identification des plantes étant donné la difficulté que cela représente pour des débutants, en particulier si l'on ne voit aucune fleur. Il vaut mieux encourager les élèves à porter d'abord attention à ce qu'ils peuvent voir — la taille de la plante, sa forme, sa couleur, etc. Ces caractéristiques générales leur permettront de différencier les espèces observées.

Si vos élèves sont jeunes, vous pourriez vous contenter de leur faire examiner les plantes et dire combien d'espèces différentes ils voient. Peut-être pourraient-ils aussi noter quels animaux, par exemple des insectes, ils aperçoivent. Leurs observations peuvent servir à animer une discussion de groupe. Si vos élèves sont plus vieux, faites-leur inscrire leurs observations détaillées sur la fiche d'activité 19.

Formez de petits groupes de 3 ou 4 élèves. Remettez à chacun un cerceau ou une corde aux extrémités nouées ensemble. Dites-leur de se disperser à l'intérieur de la zone choisie, et de laisser tomber leur cerceau (ou leur corde) au hasard. Si une corde est utilisée, il faudra lui donner une forme circulaire. Les élèves limiteront leur observation à l'intérieur du cercle.

Dites aux élèves de se mettre à quatre pattes pour chercher dans la végétation le plus grand nombre de plantes différentes qu'ils pourront trouver.

Faites-leur remplir leur fiche d'observation. Une fois l'activité terminée, les élèves pourront comparer leurs résultats avec ceux des autres groupes.

2. En composant votre propre pot-pourri avec des fleurs et des fines herbes que vous aurez fait sécher, certains des parfums les plus agréables de l'été assainiront l'air de votre maison pendant toute l'année.

Il vous faudra :
différentes fines herbes et fleurs (rose, lavande, julienne des dames, dianthus, pivoine, pois de senteur, citronnelle, basilic, camomille, menthe, sauge, thym, romarin, laurier, marjolaine)
du zeste de citron ou d'orange râpé
quelques cuillères à thé de clou de girofle ou de piment de la Jamaïque moulu

chicorée sauvage

plusieurs petits et grands contenants de plastique opaque munis d'un couvercle fermant bien (des contenants de yogourt ou de margarine, par exemple)
un grand bol

Vous pouvez acheter des fines herbes fraîches ou séchées à l'épicerie ou chez le marchand de fruits. Les fleurs sauvages ne manquent pas le long des routes et dans les champs laissés à l'abandon. Choisissez les espèces les plus odorantes. Ne cueillez jamais de fleurs rares et laissez toujours au moins 10 fois plus de fleurs que vous n'en cueillez.

Suspendez vos fleurs par la tige la tête en bas dans un endroit sombre, chaud et bien aéré jusqu'à ce qu'elles soient sèches.

Retirez les pétales des fleurs ou les feuilles des fines herbes, et jetez les tiges. Rangez chaque sorte de pétales de fleur dans un contenant différent. Vous pouvez ranger les feuilles d'herbes ensemble dans un même contenant.

Quand vous aurez suffisamment de feuilles et de pétales, mélangez-les tous dans un grand bol. Ajoutez les épices.

Pour chaque litre (environ cinq tasses) de pot-pourri, ajoutez une cuillère à soupe de zeste râpé de citron ou d'orange.

Divisez le pot-pourri en contenants individuels que chaque élève pourra emporter à la maison. Il faut garder le contenant bien fermé pendant un mois, en le secouant tous les jours. Gardez quelques contenants en classe.

Quand vous vous ennuierez des parfums de l'été, retirez le couvercle d'un contenant pendant quelques heures et laissez-vous transporter dans un paradis floral.

3. Pour certains enfants, faire collection de fleurs peut devenir un passe-temps auquel ils s'adonneront toute leur vie. Pour d'autres, des activités comme celle-ci offrent simplement une occasion de voir des fleurs de près et de comparer leurs caractéristiques.

Rendez-vous dans un champ à l'abandon, sur le bord de la route ou dans une clairière où poussent beaucoup de fleurs sauvages. Si la route est proche, soyez prudents.

Dites aux élèves de se choisir cinq ou six fleurs qu'ils emporteront en classe pour les presser. Les fleurs doivent être en bon état, et ni trop vieilles ni trop épaisses. Les plantes à tige épaisse mettent bien plus longtemps à sécher que les autres, et leur montage sur papier est plus difficile.

Les élèves doivent noter, pour chaque fleur, l'endroit et la date de la cueillette.

Chaque élève pose ensuite ses fleurs sur une feuille de papier journal en veillant à ce qu'elles ne se touchent pas et soient placées exactement de la manière dont elles devraient paraître une fois pressées. Il dépose une autre feuille de papier journal sur ses fleurs, et y inscrit son nom.

Faites une pile avec toutes les couches de papier journal, que vous déposerez délicatement dans une boîte.

De retour en classe, les élèves reprennent leur « sandwich » de papier journal qu'ils étendent sur une surface plane, et sur lequel ils déposent quelques livres ou d'autres objets lourds pour presser les fleurs. Le papier journal absorbera l'humidité des fleurs. Au bout d'une semaine, regardez si les fleurs sont sèches.

Quand les fleurs seront sèches, les élèves pourront les coller sur du papier fort et y inscrire le lieu et la date de la cueillette. Avertissez-les de manipuler très doucement les fleurs séchées, qui sont plutôt fragiles.

4. Vous pouvez aussi ramasser avec vos élèves différentes sortes de graminées et d'autres végétaux qui serviront à tisser une décoration murale originale et naturelle pour la maison ou la classe.

Il vous faudra :
    différentes sortes de graminées à longue tige dont des espèces sauvages, des espèces cultivées (blé, etc.) et des espèces aquatiques (roseau, etc.)
    d'autres plantes (mil, chardon, etc.) ou fleurs séchées (facultatif)
    du fil ou de la ficelle de couleur
    deux bâtons d'un diamètre d'environ 2 cm et d'une longueur d'environ 30 cm
    des ciseaux
    un clou ou un crochet
    un marteau

Pour chaque pièce murale, coupez des longueurs de fil de 20 cm, en ajoutant quelques centimètres pour les noeuds aux extrémités.

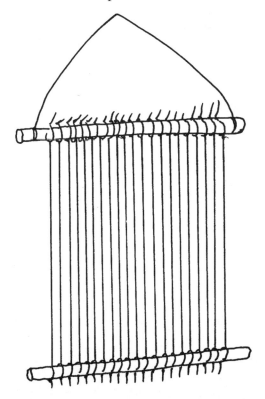

Attachez solidement chacune des extrémités des bouts de fil à vos bâtons (voir l'illustration) en laissant 1 cm entre les fils, et 2 cm aux deux extrémités des bâtons. C'est sur ce cadre que vous tisserez.

Coupez et attachez aux extrémités du bâton du haut un fil assez long pour suspendre le cadre. Tenez toujours votre pièce tissée par le haut afin que les fils soient bien tendus.

Posez votre cadre bien tendu sur une surface plane, par exemple une table ou le plancher. Commencez à installer la première graminée en passant alternativement dessus et dessous les fils (voir l'illustration), jusqu'à ce qu'elle soit complètement enfilée. Au besoin, vous pouvez la faire glisser doucement vers le haut ou vers le bas.

Poursuivez en enfilant d'autres graminées et autres végétaux de façon à créer un joli motif, en plaçant les fleurs et les tiges à différents endroits.

Pour varier, servez-vous de graminées de différentes longueurs. Vous obtiendrez ainsi une jolie pièce murale aux formes, aux textures et aux couleurs naturelles.

5. Quand vous faites une excursion dans la nature avec vos élèves, encouragez-les à regarder autour d'eux, à écouter et à sentir. Aidez-les à développer leur sens de l'observation en leur remettant une fiche sur laquelle ils pourront inscrire leurs observations. La même fiche peut servir plusieurs fois; on peut y ajouter des éléments ou en modifier selon l'endroit visité. La fiche est également utile lors de sorties ailleurs que dans la nature, par exemple à la ville.

Faites des copies de la fiche d'activité 20, «Je cherche quelque chose…», que nous vous proposons comme modèle. Après l'excursion, les élèves pourront comparer leurs observations.

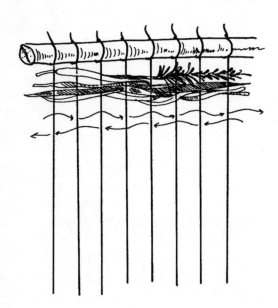

CHAPITRE NEUF

Les plantes et nous

« Mignonne, allons voir si la rose... ». Les fleurs sont une source inépuisable d'inspiration pour les poètes. Elles ont toujours symbolisé l'amitié, l'amour, la joie et la sympathie. Elles servent aussi à souligner bien des fêtes et occasions spéciales. Demandez à vos élèves de penser à des fleurs ou à d'autres plantes non ligneuses dont nous nous servons à cette fin.

Par exemple :
— les roses de la Saint-Valentin
— le trèfle de la Saint-Patrice
— le poinsettia et le houx de Noël
— le coquelicot du Jour du souvenir

Des élèves d'autres cultures pourraient avoir des exemples intéressants à ajouter.

Il y a aussi des fleurs qui sont l'emblème d'un pays ou d'une région d'un pays.

LEÇON 25

L'utilité des plantes

Pendant toute l'histoire de l'humanité, les fleurs ont aussi eu beaucoup d'autres utilités, par exemple pour nous nourrir ou nous soigner. Il suffit d'une incursion dans le réfrigérateur, le garde-manger et l'armoire à épices pour voir le rôle indispensable que jouent les plantes dans notre alimentation. Non seulement nous en mangeons, mais les animaux dont nous mangeons la viande se sont eux aussi nourris de plantes. La moitié des médicaments modernes proviennent de plantes sauvages, dont la digitaline — utilisée dans le traitement des maladies cardiaques — extraite de la digitale, et un remède contre certaines formes de leucémie extrait de la pervenche de Madagascar, une espèce menacée.

La beauté des plantes dans la nature contribue également pour beaucoup à notre qualité de vie en procurant une source inépuisable de plaisir aux amateurs de grand air et aux artistes. Les citadins incapables de s'évader dans la nature peuvent se consoler en admirant la variété infinie de plantes cultivées dans les jardins, les parcs et les serres, sur les balcons et autour des immeubles. Les activités suivantes aideront les élèves à saisir l'importance des plantes dans nos vies.

Activités

1. Faites faire une recherche sur les emblèmes floraux de pays ou de régions de pays. Demandez aux élèves de trouver le nom de la fleur en question, et pourquoi et quand on l'a choisie. Par exemple, chaque province et territoire du Canada, de même que chaque État des États-Unis, a son emblème floral.

Au Canada :
Colombie-Britannique : cornouiller du Pacifique
Alberta : rose aciculaire
Saskatchewan : lis rouge orangé
Manitoba : anémone pulsatille
Ontario : trille à grande fleur

Québec : lis blanc
Nouveau-Brunswick : violette cucullée
Nouvelle-Écosse : fleur de mai
Île-du-Prince-Édouard : sabot de la Vierge
Terre-Neuve : sarracénie pourpre
Yukon : épilobe à feuille étroite
Territoires du Nord-Ouest : dryade à feuilles entières

Aux États-Unis :
Alabama : verge d'or
Alaska : myosotis
Arizona : saguaro
Arkansas : fleur de pommier

California : pavot de Californie
Caroline du Nord : verge d'or (non officiel)
Caroline du Sud : jasmin de Virginie
Colorado : ancolie bleue
Connecticut : kalmia à larges feuilles
Dakota du Nord : rosier grimpant
Dakota du Sud : anémone américaine
Delaware : fleur de pêcher
District de Columbia : rose American Beauty
Floride : fleur d'oranger
Georgie : rose Cherokee
Hawaï : hibiscus
Idaho : seringat
Illinois : violette
Indiana : oeillet
Iowa : rose aciculaire
Kansas : tournesol
Kentucky : verge d'or
Louisiane : magnolia
Maine : cône de pin
Maryland : marguerite jaune
Massachusetts : fleur de mai
Michigan : fleur de pommier
Minnesota : cypripède royal
Mississippi : magnolia
Missouri : aubépine
Montana : lewisie
Nebraska : verge d'or
Nevada : armoise douce
New Hampshire : lilas pourpre
New Jersey : violette
New York : rose (non officiel)
Nouveau-Mexique : fleur de yucca
Ohio : oeillet écarlate
Oklahoma : gui de chêne
Orégon : mahonia à feuilles de houx
Pennsylvanie : kalmia à larges feuilles
Rhode Island : violette
Tennessee : passiflore
Texas : mertensia maritime
Utah : lis sego
Vermont : trèfle rouge
Virginie : cornouiller stolonifère
Virginie de l'Ouest : rhododendron
Washington : rhododendron
Wisconsin : violette
Wyoming : castilléjie

2. Les plantes occupent une énorme place dans notre alimentation. Leur rôle est si important que nous ne pourrions vivre sans elles. Nous mangeons aussi bien les feuilles et les fleurs des plantes que leurs racines et leurs tiges. À l'aide de la fiche d'activité 21, amenez les élèves à découvrir des choses sur les plantes que nous mangeons. Invitez-les à faire des recherches à la bibliothèque, dans leur cuisine ou à l'épicerie.

Réponses :
1. les graines de tournesol, le riz, le blé, l'avoine, l'orge, le maïs, le seigle, les pois, les haricots, etc.
2. a) le panais, la carotte, le radis, la betterave, le navet. La pomme de terre et l'igname sont des tubercules, c.-à-d. des tiges souterraines.
2. b) le gingembre.
3. le vanillier, dont le fruit (gousse) est la vanille.
4. les prairies, ou l'Ouest canadien, parce que c'est là que le blé est cultivé en abondance.
5. le chou, la laitue, l'épinard, la bette à cardes, le chou frisé, les feuilles de betteraves.
6. le céleri, la rhubarbe, la livèche, le brocoli, l'asperge.
7. le riz.
8. la menthe, la gaulthérie ou thé des bois.
9. la canne à sucre, la betterave à sucre.
10. le chou-fleur, le brocoli.

3. À l'aide de la fiche d'activité 22, amenez vos élèves à réfléchir aux nombreuses façons dont les plantes contribuent à notre qualité de vie.

4. Empruntez à la bibliothèque des contes et des poèmes sur les plantes que les élèves pourront feuilleter et lire en classe. Encouragez-les à en apporter aussi de la maison. Faites-leur écrire un conte ou un poème sur les plantes.

5. Les devinettes de la fiche d'activité 23 terminent agréablement la leçon.

Réponses :

1. pissenlit	9. petit prêcheur
2. bouton d'or	10. pied-de-poule
3. sabot de la vierge	11. gueule de lion
4. thé des bois	12. marguerite
5. grand soleil	13. herbe à ouate
6. ail sauvage	14. carotte sauvage
7. verge d'or	15. chou puant
8. moutarde des oiseaux	

CHAPITRE DIX

Plantes en péril

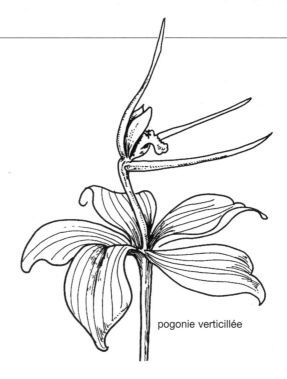

pogonie verticillée

Commencez par discuter avec vos élèves des facteurs qui font qu'une plante devient menacée de disparition, et de ce que cela signifie. Demandez-leur où ils vivent. Certains vous diront qu'ils habitent dans une maison ou un appartement, tandis que d'autres vous nommeront leur rue, leur quartier, leur village ou leur ville, et peut-être même leur pays. Les plantes sauvages n'ont évidemment pas de maison, mais elles n'en ont pas moins un habitat qui leur est particulier. Cet habitat fait partie d'une zone ou d'un écosystème plus vaste, un peu comme une maison est située dans un quartier à l'intérieur d'un village ou d'une ville.

Qu'arriverait-il si votre maison était détruite ou vous était enlevée ? Vous ne seriez plus protégés contre les éléments et d'autres dangers, et vous n'auriez plus d'endroit où habiter. Vous seriez peut-être aussi privés de la nourriture et de l'eau dont dépend votre survie. C'est ce qui se produit quand l'habitat d'une plante est bouleversé ou détruit. Certaines plantes sont tuées sur-le-champ tandis que d'autres risquent de ne pas pouvoir survivre. Contrairement aux êtres humains qui peuvent déménager ou aller se trouver de la nourriture, de l'eau et un abri ailleurs, les plantes sont incapables de se déplacer. Leur survie dépend entièrement de leur habitat immédiat.

La perte d'habitat provoquée entre autres par des travaux de construction, l'agriculture, l'exploitation minière, l'activité forestière et l'aménagement d'aires de loisirs est la principale raison pour laquelle une plante devient menacée d'extinction. On dit d'une espèce qu'elle est menacée de disparition quand toutes les plantes qui en font partie risquent de mourir si les problèmes auxquels son déclin est attribuable ne sont pas réglés rapidement. Quand cela se produit, on dit de l'espèce qu'elle est éteinte.

D'autres facteurs expliquent que certaines espèces sont menacées de disparition :

La cueillette excessive — On a tellement cueilli et déterré de plantes à belles fleurs dans la nature que de nombreuses espèces, en particulier des orchidées, deviennent de plus en plus rares. Même quand la transplantation est faite avec soin, les orchidées sauvages y survivent rarement, un jardin n'offrant pas les conditions particulières à leur habitat.

L'invasion d'espèces non indigènes — Dans un milieu naturel donné, les relations entre les plantes sont généralement équilibrées, chacune occupant la place qui lui convient sans nuire aux autres. L'arrivée d'une nouvelle plante « importée » risque de créer des problèmes, celle-ci faisant concurrence aux autres plantes qui, elles, sont indigènes, pour la nourriture, l'eau, l'espace ou la lumière solaire. La rupture de l'équilibre naturel peut finir par nuire à bien d'autres plantes et à des animaux. Dans notre région, la salicaire pourpre est en train d'envahir les marais. La propagation rapide de cette plante qui ne croît pas naturellement ici rompt l'équilibre naturel de nombreuses zones marécageuses en prenant la place de plantes indigènes. Si jolie qu'elle soit avec ses grands épis pourpre vif, cette plante ne procure ni nourriture ni habitat à la faune locale, qui souffre de la disparition de plantes indigènes. On entend normalement par :

ESPÈCE RARE : espèce indigène de faune ou de flore qui existe en peuplements peu nombreux mais relativement stables ou qui ne se retrouve que sporadiquement ou dans des régions très restreintes, ou à la limite de son habitat, et qu'il conviendrait d'observer à intervalles périodiques afin de noter les signes d'un éventuel déclin.

ESPÈCE MENACÉE: espèce indigène de faune ou de flore jugée être, selon les données scientifiques les plus sûres, en nette régression non cyclique dans la totalité ou une grande partie de son habitat, et qui deviendra vraisemblablement une espèce en voie de disparition si les facteurs du déclin ne sont pas éliminés.

ESPÈCE EN VOIE DE DISPARITION: espèce indigène de faune ou de flore jugée être, selon les données scientifiques les plus sûres, menacée d'extinction immédiate dans la totalité ou une grande partie de son habitat.

Par exemple, cinq espèces de plantes non ligneuses figurent sur la liste ontarienne des espèces menacées d'extinction: la petite pogonie verticillée, la pogonie verticillée, le cypripède blanc, le plantain à feuilles cordées et la raquette de l'Est. Au Québec, notons par exemple la carmantine d'Amérique et le ginseng. Les lois provinciales sur les espèces en voie de disparition interdisent d'endommager les plantes de ces espèces sous peine d'amende ou même d'emprisonnement.

Pourquoi devrions-nous nous préoccuper de cette situation? Qu'est-ce que cela peut bien faire si le dernier plantain à feuilles cordées meurt? Personne n'en sait vraiment rien.

Nous ignorons tant de choses au sujet de 99 % des 375 000 espèces végétales de la planète qu'il sera sans doute trop tard quand nous découvrirons que nous avons perdu une source de nouveaux aliments,

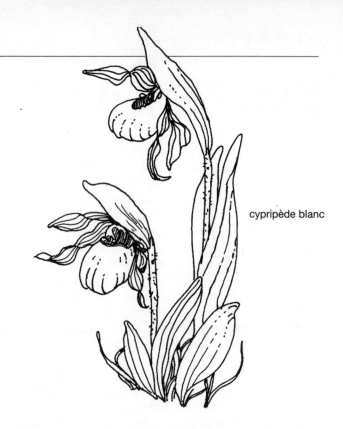

cypripède blanc

de nouveaux médicaments ou d'autres importants produits. Nous aurons perdu la combinaison génétique unique à l'espèce éteinte, ce qui réduira d'autant le patrimoine génétique mondial. Plus ce patrimoine sera réduit, moins la nature pourra s'adapter aux modifications de l'écosystème et plus grand sera le risque de nouvelles disparitions d'espèces. Il importe également de protéger la beauté inhérente de la plante, et son droit d'exister. Chaque fois qu'une espèce végétale s'éteint, de nombreux organismes dont la survie dépend de cette plante sont peut-être eux aussi condamnés.

Le temps d'agir

Demandez à vos élèves s'ils ont déjà visité un parc provincial ou national, ou une zone de conservation locale. Dans tous ces endroits, les plantes sont protégées. Il est interdit d'y endommager ou d'y déterrer des plantes. Les particuliers propriétaires de terrains peuvent eux aussi protéger les habitats qui s'y trouvent. Des groupements de conservation aident propriétaires et administrations publiques à s'entendre pour épargner des zones spéciales.

Il existe des jardins botaniques dans toutes les régions du monde. Dans ces jardins qui sont en

quelque sorte des zoos pour les plantes, on protège et on cultive des espèces menacées de disparition dans l'espoir qu'un jour, ces plantes pourront être retransplantées dans la nature s'il reste un habitat susceptible de leur convenir. Les banques de semences permettent elles aussi de mettre à l'abri des espèces en voie de disparition. Les semences de ces espèces y sont conservées dans l'espoir qu'on puisse les cultiver en « captivité » même si la variété sauvage de l'espèce s'éteint.

Dans le temps qu'il vous a fallu pour lire ce dernier paragraphe, une forêt couvrant une superficie plus grande que 10 pâtés de maisons a été rasée. C'est le sort qui attend les luxuriantes forêts tropicales humides d'Amérique centrale et d'Amérique du Sud où poussent le tiers de toutes les espèces végétales de la planète. On y coupe un million d'arbres par jour; le territoire ainsi dénudé chaque année correspond à la superficie de l'État de New-York. On coupe les arbres pour en faire du bois d'oeuvre, on les brûle pour que les paysans puissent cultiver la terre, ou on les abat pour aménager des pâturages pour les bovins. Quelle que soit la raison, le résultat est toujours le même — une catastrophe. Le sol des forêts tropicales humides est pauvre, les éléments nutritifs se trouvant principalement dans les plantes elles-mêmes, qui croissent rapidement. Quand il n'y a plus de végétation, donc plus d'éléments nutritifs, les cultures et les pâturages ne subsistent que quelques années sur un sol déjà pauvre qui s'épuise rapidement. Il ne reste plus aux agriculteurs qu'à couper la végétation sur un autre terrain en forêt en laissant derrière eux une terre inculte sur laquelle rien ne peut pousser et que rien ne protège contre l'érosion pluviale. En l'espace d'à peine deux ou trois ans, les écosystèmes les plus riches de la planète deviennent des déserts tropicaux.

L'Amazonie représente aujourd'hui la plus grande étendue de forêt tropicale humide au monde. On peut y dénombrer 177 espèces d'arbres différentes sur un hectare de forêt; comparativement, il y en a en moyenne 19 en Amérique du Nord. De plus, d'après les estimations des biologistes, il y aurait là tout près de 30 millions d'espèces d'insectes dont on ne connaît même pas l'existence, dans bien des cas. La liste des oiseaux, des reptiles, des amphibiens et des mammifères est presque infinie. L'incroyable diversité de ces formes de vie est possible parce que la plupart de ces espèces ont des besoins d'habitat très particuliers. Cela signifie qu'une espèce donnée a besoin d'une partie bien précise de la forêt pour vivre, et ne subit pas la concurrence de multiples autres plantes. Moins la concurrence est grande, plus il y a d'espèces capables de vivre ensemble dans un même habitat. Malheureusement, quand une espèce a besoin d'un habitat bien particulier pour vivre, elle ne met pas longtemps à souffrir d'une modification de son habitat. Quand on sait qu'en forêt tropicale humide, un seul arbre peut abriter des centaines, voire des milliers d'espèces, la perte de millions d'arbres doit avoir des répercussions incroyables dont nous savons très peu de choses.

ara

Les secours s'organisent. Par exemple, grâce à la détermination de nombreux particuliers, groupes d'écoliers, scouts, guides, entreprises et autres personnes intéressées au Canada, 40 000 acres de forêt montagneuse du Monte Verde ont été épargnés au Costa Rica. Chaque don de 25 $ versé pendant la vaste campagne de financement organisée par le Fonds mondial pour la nature Canada a permis de protéger un acre de forêt tropicale humide.

Pourquoi a-t-on choisi cette forêt en particulier? Outre qu'elle compte 600 espèces d'arbres, 300 espèces d'orchidées, 200 espèces de fougères, 500 espèces de papillons et 30 espèces de colibris, la forêt tropicale du Monte Verde est l'endroit où bon nombre des oiseaux migrateurs d'Amérique du Nord vont passer l'hiver. Si cette forêt disparaît, beaucoup de nos compagnons ailés seront menacés d'extinction.

Devant la réussite de cette campagne de financement, l'idée a été reprise pour sauver d'autres forêts tropicales humides menacées aujourd'hui même de destruction, dont l'Amazonie. On voit grossir de jour en jour les rangs des défenseurs déjà nombreux de ces forêts en péril. Voilà un très bon exemple de ce que peuvent accomplir les responsables d'une campagne de sensibilisation du public bien orchestrée, et les milliers de personnes pour qui la nature compte.

Activités

1. Décrétez que la classe est devenue un royaume où chacun a le pouvoir d'édicter les lois de son choix. Invitez les élèves à rédiger le texte des lois de protection de la nature qu'ils aimeraient faire adopter. Laissez-leur quelques jours pour y réfléchir. Quand leurs textes seront prêts, débattez-en en classe. Quels seront les effets aussi bien positifs que négatifs des lois proposées? Une fois la discussion terminée, dressez la liste des lois qui recueillent la faveur de la majorité des élèves. Essayez d'arriver à un consensus sur l'ordre de priorité des lois. Après avoir tapé la liste au propre, remettez-en une photocopie à tous les élèves. Faites-leur ajouter autour de la liste des décorations qui lui donneront l'allure d'un édit royal. Affichez la liste dans la salle de classe.

   Si la chose est possible, utilisez le système de sonorisation de l'école pour faire lire la liste par un de vos élèves à l'heure des annonces. Vous pourriez aussi proposer à un journal de votre région de publier la liste accompagnée d'un article sur l'étude des espèces en voie de disparition que vient de faire votre classe.

2. Pour savoir quelles plantes rares poussent dans votre région, adressez-vous au club des naturalistes ou à l'administration de conservation de votre localité.

3. Encouragez vos élèves à aller admirer les plantes sauvages dans la nature au lieu de les cueillir ou de les déterrer.

4. Pensez à inscrire vos élèves dans un groupement de conservation où ils apprendront quelles démarches font les membres pour protéger des zones naturelles.

5. En y mettant le temps nécessaire et en exerçant leur imagination, vos élèves peuvent amasser des fonds qui serviront à protéger les habitats. Des enfants du monde entier se dépensent ainsi sans compter. Vos élèves pourraient organiser une vente de gâteaux, monter un spectacle de marionnettes, laver des voitures, faire un tirage ou passer de porte en porte. Cela leur permettra de se sentir vraiment utiles.

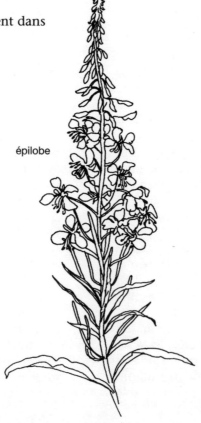

épilobe

Fiches d'activité

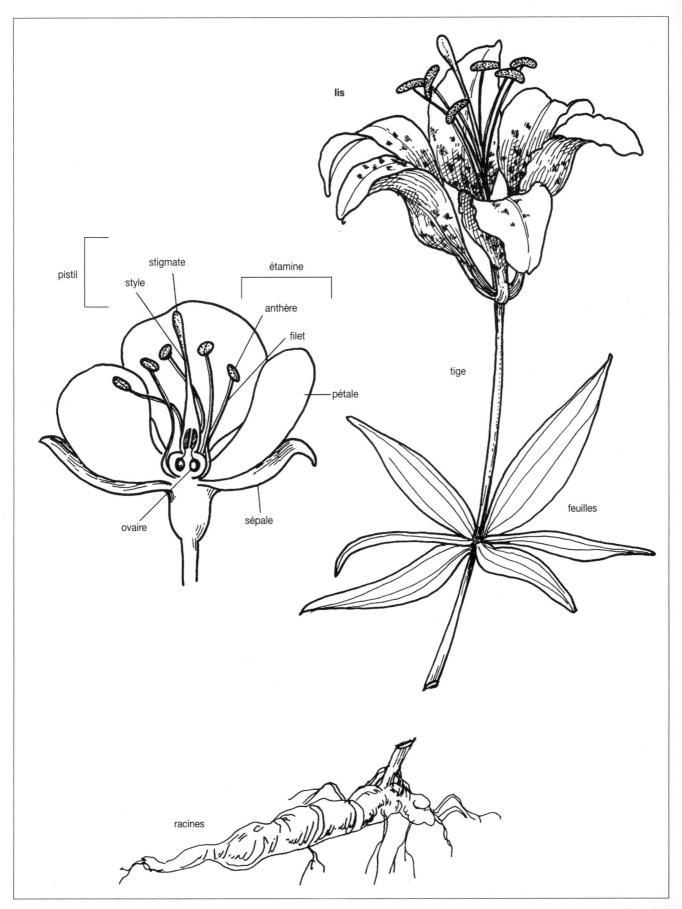

lis

pistil

stigmate

style

étamine

anthère

filet

pétale

ovaire

sépale

tige

feuilles

racines

Après avoir bien examiné ces fleurs, inscris dans la case vide la lettre R ou la lettre I selon qu'il s'agit d'une fleur régulière ou d'une fleur irrégulière. N'oublie pas : on dit d'une fleur qu'elle est régulière quand ses parties sont disposées en cercle comme les rayons d'une roue et que ses pétales se ressemblent. Dans le cas contraire, il s'agit d'une fleur irrégulière.

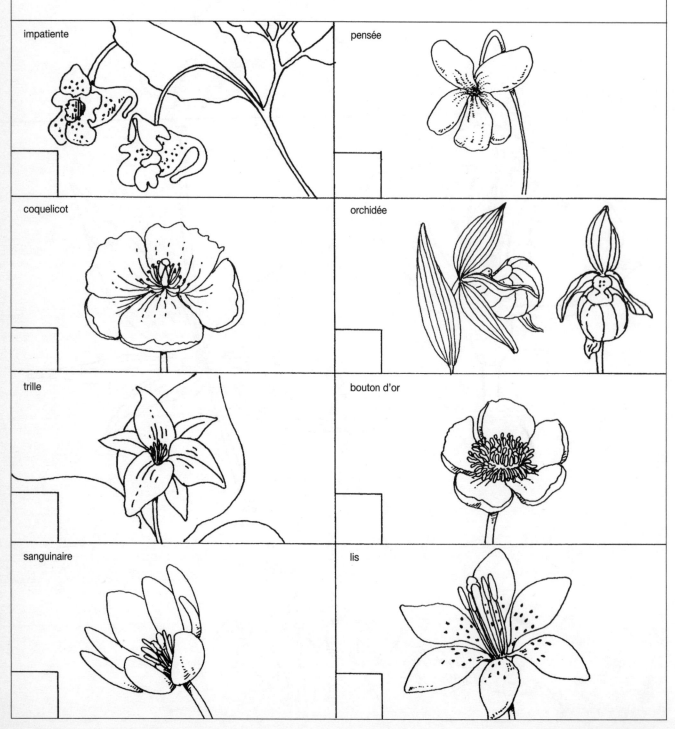

impatiente

pensée

coquelicot

orchidée

trille

bouton d'or

sanguinaire

lis

Coup d'oeil sur les spores

Trouve l'endroit où sont les sporanges sur chacune des fougères apportées en classe. Sers-toi d'une loupe pour bien examiner les sores (ou grappes de sporanges) avant d'inscrire tes observations dans le tableau.

Nº de la fougère	Où sont les sporanges ?	Comment les sporanges sont-ils disposés ?	Couleur des sporanges

Où sont les spores ?

Examine bien ces fougères. Encercle la partie de la plante où se trouvent les sporanges. Il est plus facile d'identifier une fougère quand on sait où se trouvent ses spores.

adiante pédalé

botryche

osmonde de Clayton

onoclée sensible

polystic faux-acrostic

dryoptéride marginale

osmonde royale

fougère-à-l'autruche

Les mousses sous la loupe

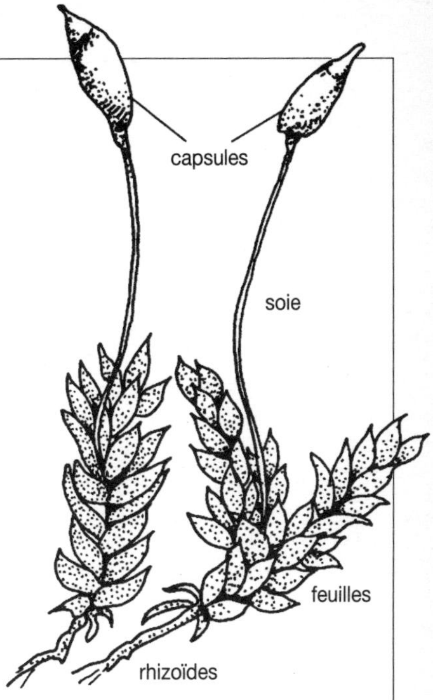

Description :

Mousse sèche   Mousse humide

_____   _____

_____   _____

_____   _____

État de la mousse sèche mise dans l'eau :

après cinq minutes   _____

après trente minutes _____

le lendemain   _____

capsules

soie

feuilles

rhizoïdes

1. Nomme deux caractéristiques qui différencient une mousse d'une plante à fleur.

_____

_____

2. Normalement, quand une plante sèche, elle meurt. Qu'en est-il des mousses ?

_____

3. À quels facteurs le dessèchement des mousses dans la nature peut-il être attribuable ?

_____

4. À quoi correspond l'eau du bocal dans la nature ?

_____

5. Les mousses servent de nourriture et d'abri à toutes sortes d'animaux. Les humains leur ont aussi trouvé une foule d'utilités. Nomme deux exemples d'utilités passées ou actuelles.

_____

_____

_____

_____

_____

_____

_____

_____

_____

La sporée

structure du champignon

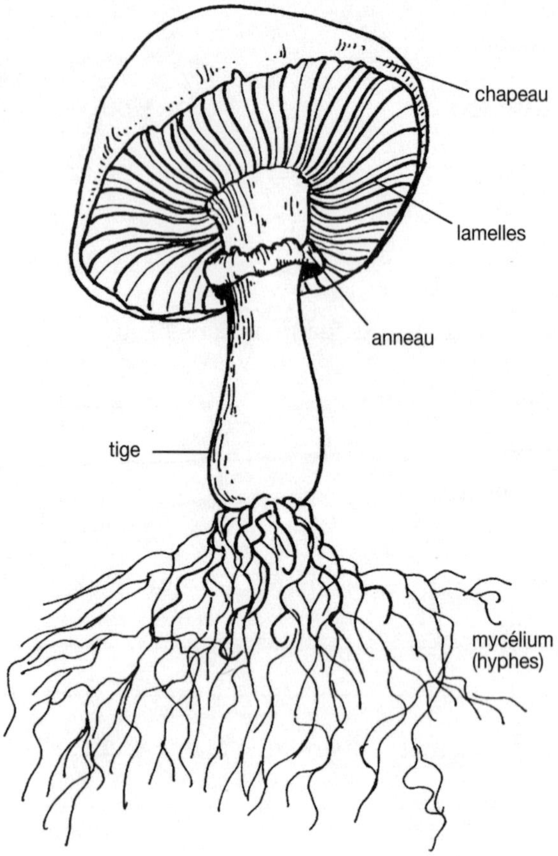

1. En te reportant à l'illustration, identifie les différentes parties de ton champignon.

2. Coupe le pied de ton champignon. Étends une mince couche de colle sur ton papier. Pose le chapeau du champignon sur le papier encollé, lamelles en dessous. Couvre-le d'un bol renversé, et laisse reposer toute la nuit. Le lendemain, tu verras l'empreinte laissée par les spores (la sporée). Pour conserver ta sporée, vaporise-la légèrement de fixatif.

chapeau

lamelles

anneau

tige

mycélium
(hyphes)

ma sporée

L'observation des moisissures

Comment procéder :

1. Mets un seul morceau d'aliment par sac de plastique. Asperge le pain de quelques gouttes d'eau, et assure-toi qu'il y a de l'humidité (des gouttelettes d'eau) dans les autres sacs avant de les fermer hermétiquement avec les attaches.

2. Colle sur chaque sac une étiquette portant ton nom, et place tes sacs dans un endroit chaud pour une semaine environ.

3. Vérifie tous les jours si des moisissures apparaissent.

4. Quand il y en aura, examine-les à la loupe et inscris tes observations ci-dessous.

Aliment	Couleur de la moisissure	Description

1. Quelles conditions sont le plus propices à l'apparition de moisissures ? _____

   _____

2. Quels problèmes les moisissures causent-elles ? _____

   _____

3. Que font les agriculteurs pour prévenir l'apparition de moisissures sur leurs cultures ? _____

   _____

De bonnes conditions de croissance

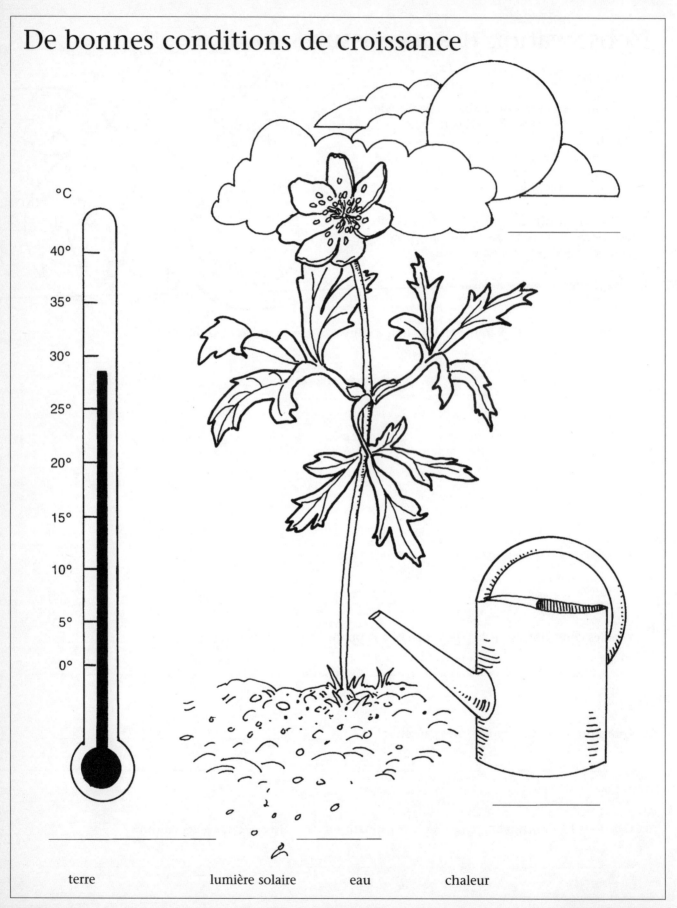

°C

40°
35°
30°
25°
20°
15°
10°
5°
0°

terre   lumière solaire   eau   chaleur

La recette d'une bonne croissance

1. Vérifie ton pot tous les jours et note ci-dessous tout changement observé.

2. À la fin de l'activité, examine les pots des autres groupes et décide quelle recette est la meilleure.

3. Écris la recette à l'endroit prévu en indiquant les « ingrédients » et la façon de procéder.

Observations quotidiennes

Note tous les changements observés

Date	Observations

Recette

Les chaînes et les réseaux alimentaires

1. Dessine une chaîne alimentaire comprenant un lapin.

2. Dessine une chaîne alimentaire comprenant un oiseau.

3. Dans la nature, il y a généralement plus d'un animal qui mange la même chose. Par exemple, les grenouilles et les poissons mangent des insectes. Quand au moins deux chaînes alimentaires se chevauchent, cela crée un réseau alimentaire semblable à celui de l'illustration.

   Dessine un réseau alimentaire qu'on peut trouver en forêt.

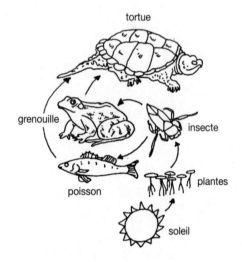

4. Dessine un réseau alimentaire comprenant huit éléments.

5. Que se passerait-il si toutes les plantes de ton réseau alimentaire mouraient ?

Combien d'abris végétaux vois-tu ? _____

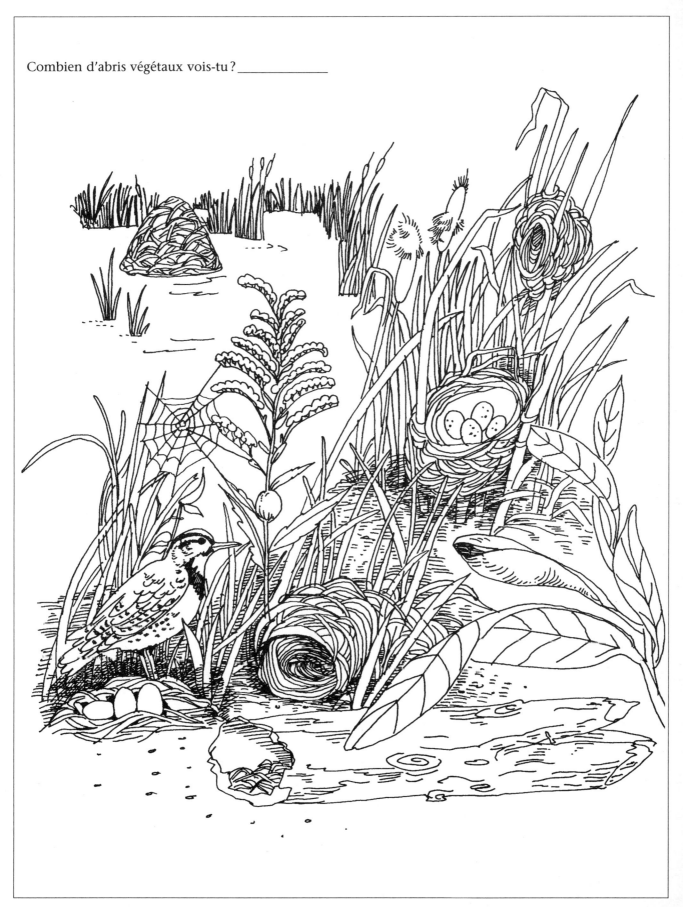

Quel est l'habitat de chacune des plantes illustrées ? Tu as le choix entre : désert, étang, jungle, montagne.

1. _____   4. _____

2. _____   5. _____

3. _____   6. _____

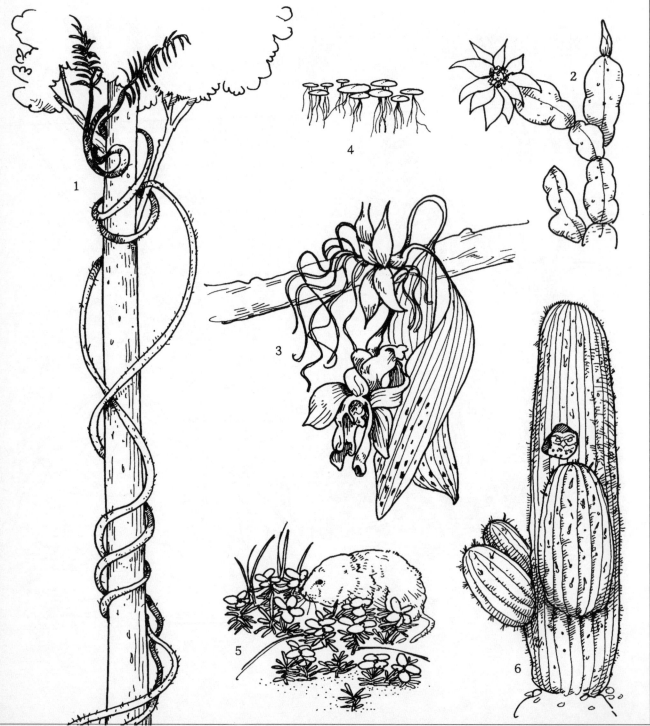

Comment ces plantes se défendent-elles contre les animaux — et contre nous ?

houx _____

cardère _____

chardon des champs _____

grande ortie _____

houx

cardère

chardon des
champs

grande ortie

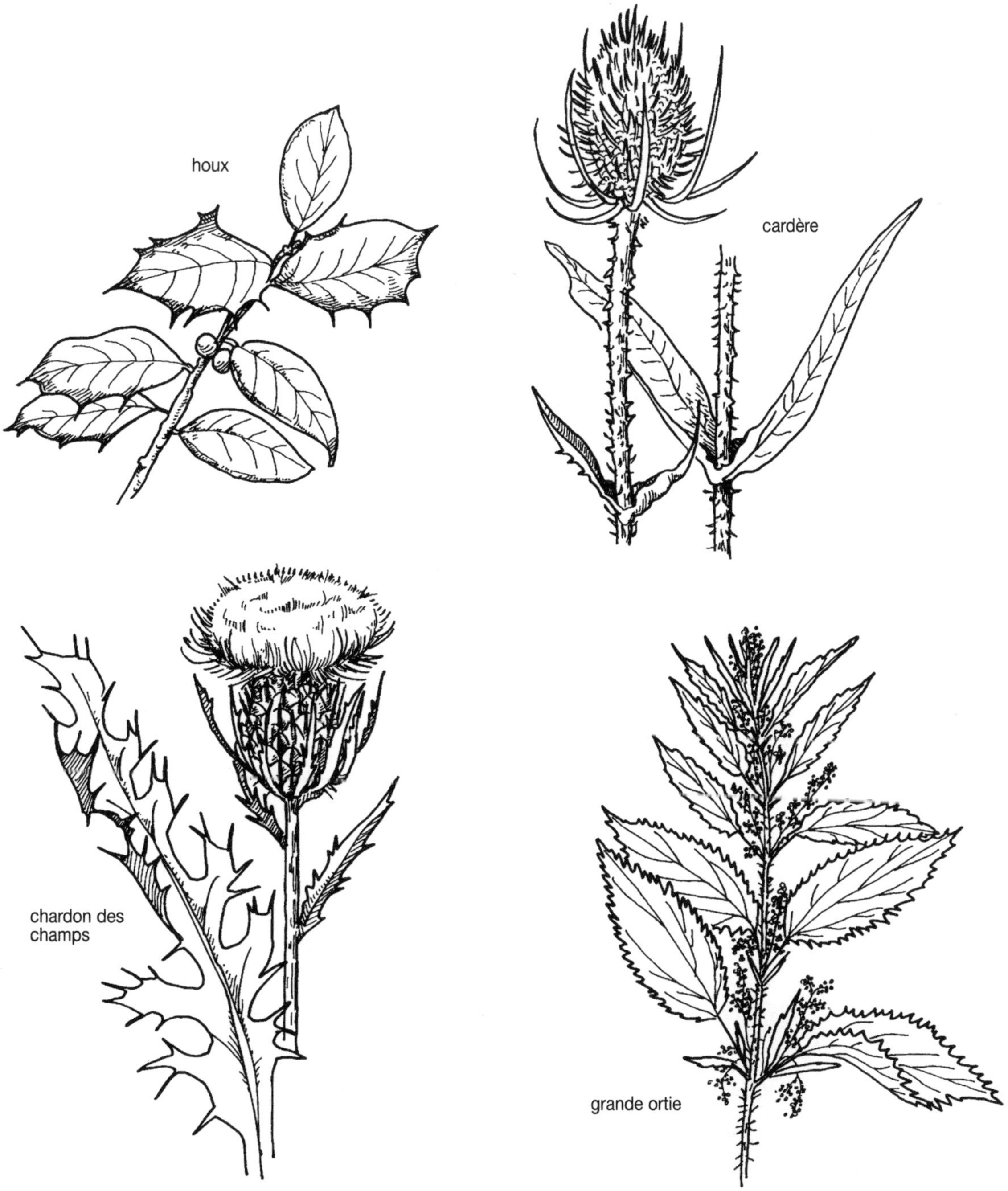

Colorie les illustrations et découpe-les. Après les avoir empilées dans l'ordre, agrafe-les à gauche.
En «feuilletant» rapidement ton petit livre, tu verras une abeille féconder une fleur par pollinisation.

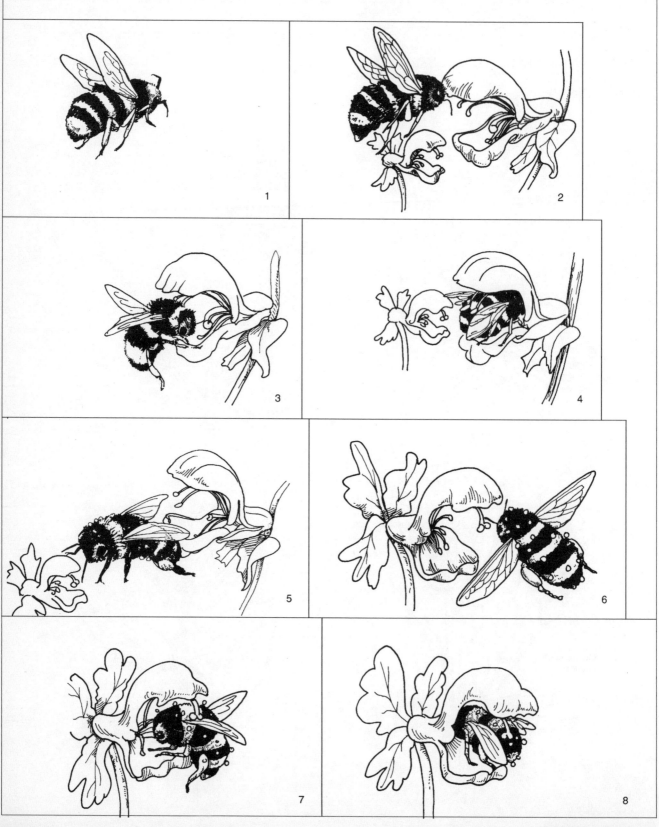

Animal ou vent ?

D'après toi, ces fleurs sont-elles fécondées par un animal (un oiseau, une chauve-souris ou un insecte) ou par le vent ? Inscris ta réponse (la lettre A ou la lettre V) dans chacune des cases.

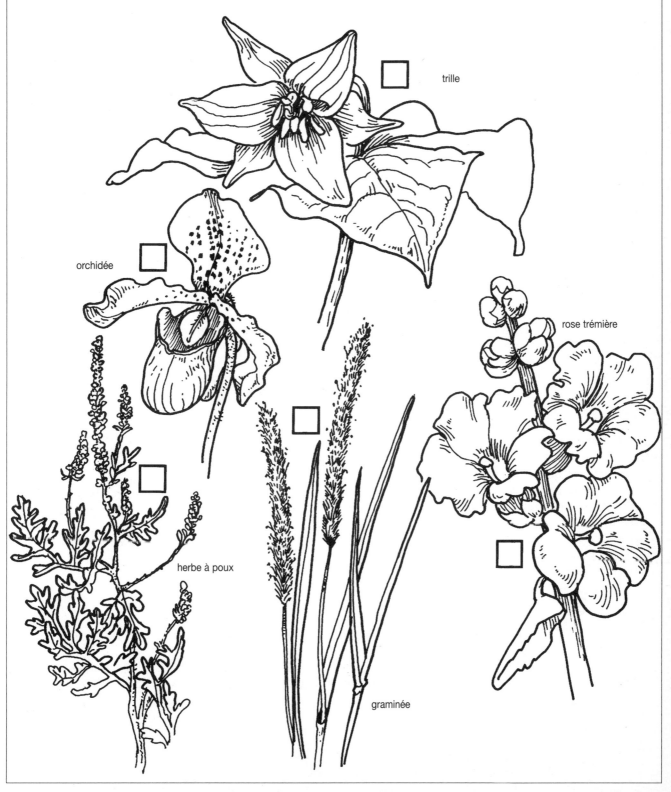

trille

orchidée

rose trémière

herbe à poux

graminée

Pour aller se semer dans un nouvel endroit, les graines de certaines plantes s'agrippent, s'envolent ou se propulsent. C'est ainsi que se dispersent les graines de certaines fleurs sauvages communes.

Les graines très légères sont facilement transportées par le vent. C'est le cas des graines de pissenlit, d'épilobe, de barbe de bouc et d'asclépiade commune, qui sont toutes munies d'un minuscule « parachute ».

Ce sont parfois les animaux, et même toi, qui facilitent sans le savoir la dispersion des graines. Certaines graines munies d'épines et de crochets, comme celles de la bardane, s'agrippent à la fourrure d'un animal ou à tes vêtements pour se déplacer à l'insu de tous.

D'autres graines sont emprisonnées dans une capsule qui éclate à maturité en les propulsant à l'air libre. La violette et l'impatiente sont des plantes dont les graines sont ainsi propulsées.

Beaucoup d'oiseaux et d'autres animaux qui mangent des baies (contenant des graines) ne peuvent digérer que la pulpe. Les graines des fraises, des bleuets et d'autres baies sauvages se retrouvent donc dans la fiente que l'oiseau laisse tomber, souvent bien loin de l'endroit où il s'est nourri.

La pluie joue un rôle très important dans la dispersion de certaines graines. Les minuscules graines noires de la mitrelle ressemblent à de petits oeufs dans une coupe en forme de nid. Une goutte de pluie qui tombe directement dans la coupe en fait jaillir les graines, qui retombent parfois à une distance de 1 mètre!

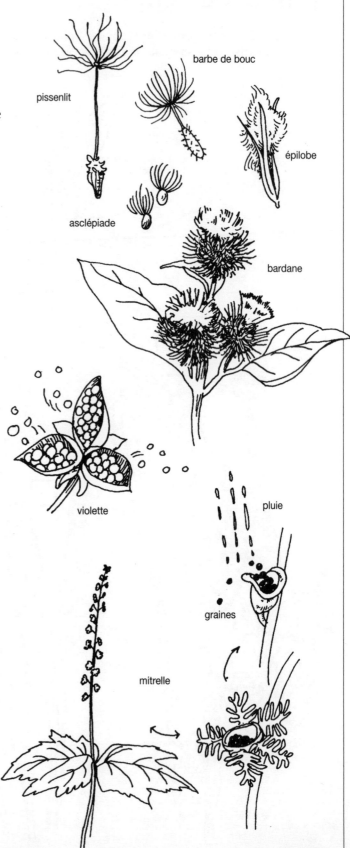

barbe de bouc

pissenlit

épilobe

asclépiade

bardane

violette

pluie

graines

mitrelle

bleuets

L'odyssée des graines

Imagine que tu es une graine qui doit se trouver un endroit où pousser. La difficulté consiste à quitter la plante qui t'a donné naissance pour aller tomber au bon endroit. Amuse-toi avec deux ou trois camarades à suivre les aventures palpitantes des graines. Attends-toi à apprendre des choses intéressantes.

Il te faudra:
une sorte de graine (arachide, tournesol, pastèque, etc.) ou une sorte de bouton par joueur
un dé

Règles du jeu:

1. Chaque pion (graine ou bouton) représente une graine prête à quitter la plante qui lui a donné naissance.

2. Tous les joueurs placent leur pion à la ligne de départ.

3. Les joueurs lancent le dé. Celui qui obtient le score le plus élevé joue en premier, la personne à sa gauche joue en deuxième, et ainsi de suite.

DÉPART

ARRIVÉE

Quelqu'un cueille des capsules de graines pour décorer. Recule d'une case.

+ Le vent dépose des graines sur le sol nu. Avance de 3 cases.

+ Des oiseaux se régalent de graines de fleurs sauvages. Reviens au point de départ.

+ Des oiseaux qui ont mangé des baies en laissent tomber les graines à un endroit éloigné. Avance de 2 cases.

Quelqu'un passe sur une capsule impatiente de graines et la fait éclater. Réserve le dé et avance le de deux fois le nombre de cases indiqué.

− Aucun vent ne souffle pour emporter les graines de barbe de bouc. Recule de 2 cases.

+ Les graines des fleurs qui n'ont pas été arrachées au jardin se ressèment et pourront germer l'an prochain. Avance à la prochaine case +.

− La graine tombe sur un rocher où il lui sera impossible de germer. Passe ton tour.

La chaleur dégagée par un feu de forêt fait éclater les cônes de pin gris, ce qui libère les graines. Avance de 2 cases

− Des écureuils roux grignotent des pommes de pin. Relance le dé et recule du nombre de cases indiqué.

+ Une graine de plante de rivage transportée par l'eau se dépose ailleurs. Lance à nouveau le dé.

− Une graine tombée dans l'eau pourrit. Recule de 2 cases.

+ Une graine de bardane traverse le champ agrippée à la fourrure d'un lapin. Avance d'une case.

− Des charançons mangent des graines après en avoir transpercé l'enveloppe. Recule de 3 cases.

de suite.

Ça pousse à vue d'oeil

Après avoir découpé les cartes, empile-les dans l'ordre, de 1 à 10, la carte 1 sur le dessus. Agrafe les cartes du côté gauche. En serrant ton « livre » d'une main à l'agrafe et en feuilletant le bord des pages du pouce de l'autre main, tu verras une graine germer et jaillir du sol.

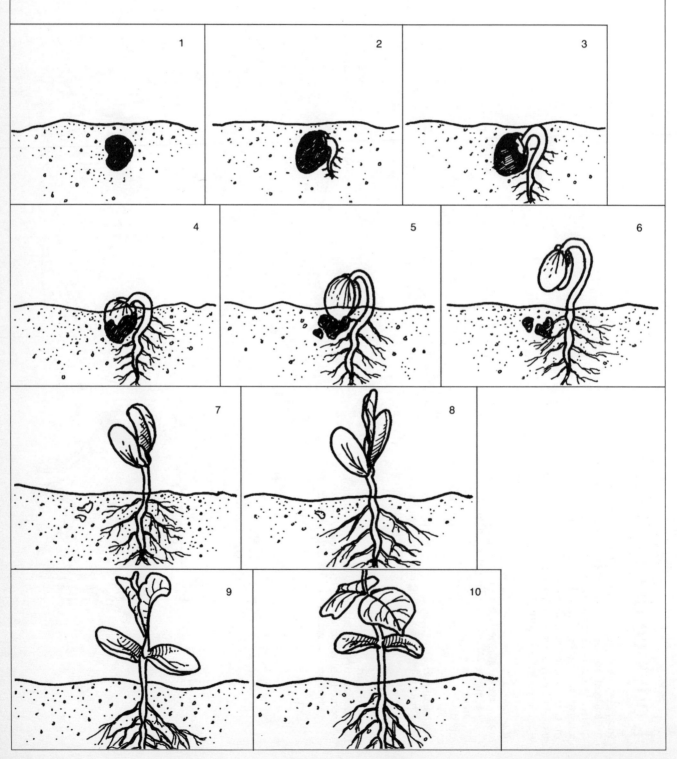

Fais marcher tes doigts

Fais marcher tes doigts plutôt que tes pieds! En te mettant à quatre pattes, tu verras de très près toutes les sortes de plantes qui peuvent pousser en un même endroit. Note tes observations dans le tableau. Il y a aussi des cases où tu peux dessiner.

Plante	hauteur*	couleur (feuille ou fleur)	dessin d'une feuille	dessin d'une fleur (s'il y en a une)	texture	odeur

* du sol au sommet de la tige la plus haute

Je cherche quelque chose...

de carré	de rond
de jaune	qui pue
de très gros	de joli
de pointu	de laid
de rude	de froid
d'ovale	qui sent bon
de chaud	de rectangulaire
d'humide	de mou
de sec	qui fait du bruit
de doux	de très petit
de dur	de lisse
de lourd	de rouge

Les plantes que nous mangeons

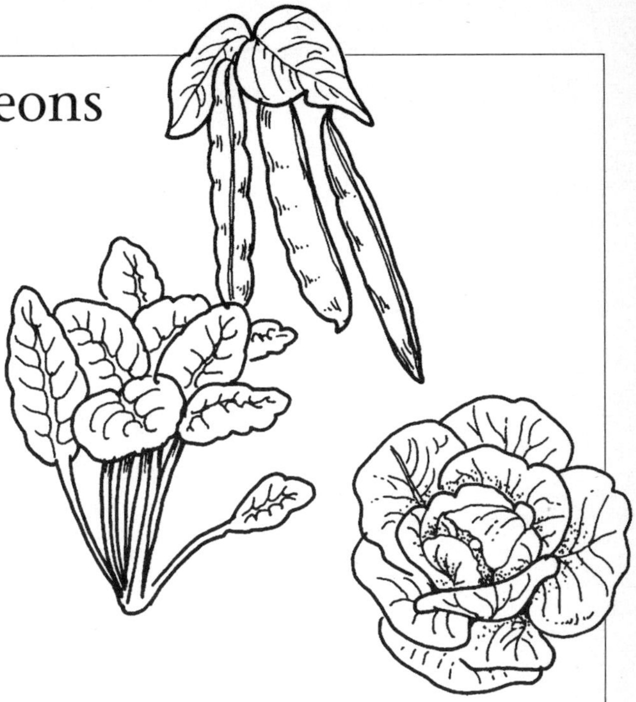

1. Nomme cinq sortes de graines que nous mangeons, sans compter les noix.

   _____

   _____

   _____

   _____

   _____

2. a) Nomme trois sortes de plantes dont les racines sont des légumes que nous mangeons.

   _____

   _____

   _____

   b) Nomme une racine de plante utilisée comme épice en cuisine.

   _____

3. De quelle plante, et de quelle partie de cette plante, est tirée la vanille ?

   _____

   _____

4. Quelle région appelle-t-on le « grenier du monde » ? Pourquoi ?

   _____

   _____

5. Nomme deux plantes dont nous mangeons les feuilles.

   _____

   _____

6. Nomme une plante dont la tige est comestible.

   _____

7. Quelle est la plante dont les graines constituent la base de l'alimentation de plus de la moitié des habitants de la planète ?

   _____

8. Nomme une plante qui sert à parfumer beaucoup de sortes de bonbons.

   _____

9. D'où vient le sucre ?

   _____

10. Nomme une plante dont la fleur est un légume que nous mangeons.

   _____

Bravo les plantes !

Voici différentes façons dont les plantes agrémentent notre vie. Ajoute deux autres idées dans l'espace libre ; tu peux faire un dessin ou écrire.

Énigme florale

Après avoir lu les indices, essaie de deviner de quelle fleur on parle. Pour t'encourager, nous te donnons la réponse à la première devinette.

1. on le mange par la racine   PISSENLIT

   _____

2. attache de chemise + d' + métal précieux

   _____

3. chaussure de bois + de + mère de Jésus

   _____

4. boisson voisine du café + des + terrain couvert d'arbres

   _____

5. dont la taille dépasse la moyenne + astre du jour

   _____

tournesol

6. plante à odeur forte + à l'état naturel

   _____

7. mesure de longueur + d' + métal précieux

   _____

8. condiment jaune + des + animaux à plumes

   _____

9. de taille inférieure à la moyenne + qui prononce un sermon

   _____

10. partie inférieure de la jambe + de + femelle du coq

    _____

11. bouche d'un animal + de + roi des animaux

    _____

12. les amoureux s'amusent à l'effeuiller

    _____

13. on la coupe l'été + à + coton servant aux soins d'hygiène

    _____

14. les lapins en raffolent + à l'état naturel

    _____

15. peut être de Bruxelles + qui ne sent pas bon

    _____

Fiches d'identité

Fougère-à-l'autruche

fronde fertile

Mon apparence :
— j'ai de larges feuilles semblables à des plumes, appelées frondes, qui peuvent atteindre 1 m
— distinctes, mes frondes fertiles sont brunes et raides et ressemblent à des plumes ; elles portent les spores et restent sur pied durant l'hiver
— au printemps, mes jeunes feuilles vertes sont roulées en boule et se déroulent à mesure que la saison avance

Mon habitat :
— j'aime bien les coins humides des forêts et les marais ; je pousse un peu partout au pays et je monte jusqu'aux abords de la forêt boréale

Mon mode de reproduction :
— comme je ne fleuris pas, à la place des fleurs et des graines, je produis des spores ; ce sont de petits grains minuscules, semblables à du pollen, que le vent disperse, qui s'enracinent et forment de nouvelles plantes
— je me reproduis aussi par mes rhizomes (tiges souterraines), ce qui explique qu'on nous voit souvent en colonies

Mes particularités :
— jeunes, mes feuilles enroulées s'appellent des crosses (ou têtes de violon) ; au début du printemps, elles sont un vrai délice : on les mange comme un légume, cuites à la vapeur ou dans du beurre ; on ne devrait cueillir qu'une crosse par plante, autrement on risque de l'affaiblir. Il faudra prendre soin de bien identifier la plante avant de cueillir ses crosses, certaines espèces de fougère étant très toxiques
— on m'apprécie comme plante décorative dans les jardins

À noter :
— on trouve plusieurs fougères dans la même région que moi : fougère-aigle, onoclée sensible, dryoptère à sores marginaux, dryoptère spinuleuse, adiante du Canada, polystic faux-acrostic, osmonde cannelle, osmonde de Clayton, osmonde royale, fougère-femelle, dryoptéride disjointe

Mots nouveaux : crosse de fougère, forêt boréale, fronde, marais, rhizome, spore

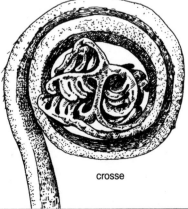
crosse

Polytric

Mon apparence:
— mes feuilles sont vertes et étroites
— j'ai une capsule sporale ovale et poilue, au bout de la soie
— je mesure de 10 à 15 cm

Mon habitat:
— je pousse dans les prés, les champs et les bois

Ma floraison:
— les mousses ne produisent pas de fleurs, mais des capsules qui renferment des spores; les miennes sont visibles du printemps jusqu'à l'automne

Mon mode de reproduction:
— comme les autres plantes sans fleurs, je me reproduis par des spores (semblables au pollen), qui sont projetées de la capsule et transportées par le vent; si elles tombent dans un endroit propice (où le sol, l'humidité et l'ensoleillement leur conviennent), elles formeront de nouvelles plantes

Mes particularités:
— je suis parmi les premières plantes à pousser sur le sol nu; je fournis ainsi aux graines un endroit où germer et pousser
— lorsque je pousse sur la roche nue, mes rhizoïdes (racines filamenteuses) se glissent dans de petites fissures dans la roche et en détachent de minuscules éclats; mes rhizoïdes produisent un liquide spécial qui aide à la réduction de ces particules en terre, ce qui permet la croissance d'autres plantes; il faut des centaines d'années pour transformer une surface rocheuse en un habitat couvert de végétation
— les mousses sont un important couvre-sol, qui absorbe l'eau de pluie et empêche le sol de se dessécher; en couvrant le sol, elles l'empêchent d'être emporté par les fortes pluies

À noter:
— on m'appelle parfois *poils de siffleux*

Mots nouveaux: capsule sporale, pollen, rhizoïde, spore

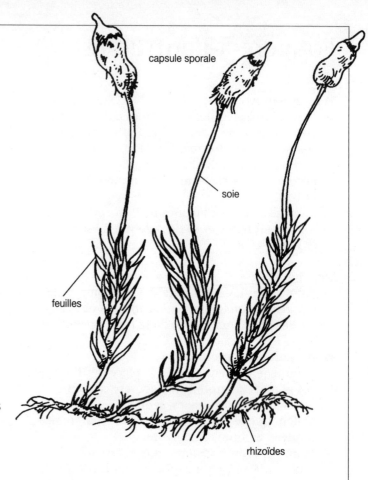

capsule sporale

soie

feuilles

rhizoïdes

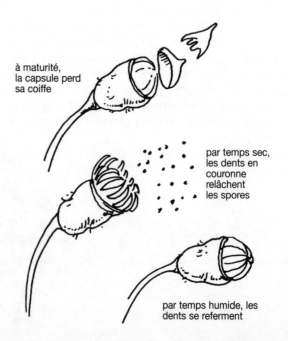

à maturité, la capsule perd sa coiffe

par temps sec, les dents en couronne relâchent les spores

par temps humide, les dents se referment

Ganoderme des artistes

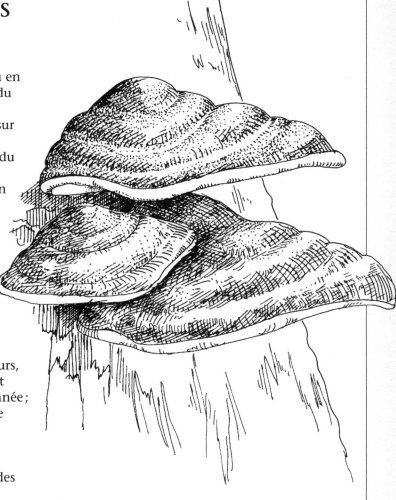

Mon apparence :
— je suis un champignon au chapeau plat ou en forme de coquillage dont la couleur varie du gris au brun
— je n'ai pas de pied, je pousse directement sur le bois
— le dessus de mon chapeau est dur comme du bois, souvent rainuré
— le dessous est blanchâtre, mais vire au brun au toucher
— les marques des spores sont brunes

Mon habitat :
— je pousse sur les souches ou troncs morts, des arbres feuillus surtout
— je pousse aussi sur les conifères, et sur les blessures des arbres vivants

Ma floraison :
— je n'en ai pas, puisque je ne fais pas de fleurs, mais le chapeau qui produit les spores peut n'apparaître qu'à certains moments de l'année ; quant à moi, on me trouve tout au long de l'année

Mon mode de reproduction :
— comme tous les champignons, je produis des spores, semblables au pollen, qui sont dispersées par le vent ; les mycéliums rhizomorphes se répandent aussi dans le bois pourri, et ils ressemblent à de petits fils blancs

Mes particularités :
— comme bien d'autres champignons, je suis un important décomposeur, c'est-à-dire que je décompose les fibres ligneuses des arbres morts ; une fois le bois ramolli, divers animaux participent au recyclage en transformant le bois en ses éléments de base où les plantes pourront pousser

À noter :
— ma surface inférieure est blanche et se meurtrit facilement ; on s'amuse parfois à y faire des dessins avec un objet pointu ; une fois secs, ces dessins durent pour toujours

Mots nouveaux : conifère, décomposeur, mycélium, rhizomorphe

Quenouille

Mon apparence:
— mon épi brunâtre en forme de manchon se compose de plus de cent mille fleurs minuscules; ce sont les fleurs femelles; juste au-dessus, un épi plus mince porte les fleurs mâles qui produisent le pollen
— ma tige, rigide et nue, peut mesurer de 1,2 à 2,4 m
— mes feuilles vertes, en forme d'épée, sont longues et minces

Mon habitat:
— on me voit fréquemment dans les marais et les prairies inondées, y compris dans les fossés le long des routes

Ma floraison: de juin à juillet

Mon mode de reproduction:
— le vent fait tomber le pollen des fleurs mâles sur les fleurs femelles au-dessous; une fois fécondé, l'épi peut produire jusqu'à 220 000 graines!
— il a été signalé qu'au cours d'une seule saison, une graine peut produire jusqu'à cent tiges et des racines pouvant s'étendre sur une surface de 3 m!

Mes particularités:
— les plantes anémophiles comme moi (dont le pollen est emporté par le vent) ont tendance à produire beaucoup de pollen, afin d'augmenter leurs chances de reproduction; les premiers habitants du pays et les premiers colons se servaient de mon pollen comme farine pour faire du pain et des biscuits
— les peuples autochtones remplissaient du duvet de mes fleurs les mocassins de leurs enfants pour leur tenir les pieds au chaud en hiver
— je suis appréciée par le rat musqué, qui se sert de moi pour bâtir sa hutte

À noter:
— on a constaté que je suis un filtre naturel de l'eau; mes tiges épaisses ralentissent le débit de l'eau, ce qui permet au sable, aux débris, aux fertilisants que l'eau charrie de se déposer; je peux absorber bon nombre des polluants qui se déposent, ce qui purifie l'eau; on fait des recherches sur l'utilisation possible des marais de quenouilles pour filtrer les eaux usées des petites villes avant de les laisser retourner dans la nature
— j'ai une soeur à feuilles étroites qui est aussi très répandue; ses feuilles sont plus étroites, et les épis mâles et femelles sont séparés par un bout de tige nu, alors que chez moi les deux épis se touchent
— les Français m'appellent *massette* ou *canne de jonc*

Mots nouveaux: anémophile, eaux usées, marais, pollen, polluant

Mil ou phléole des prés

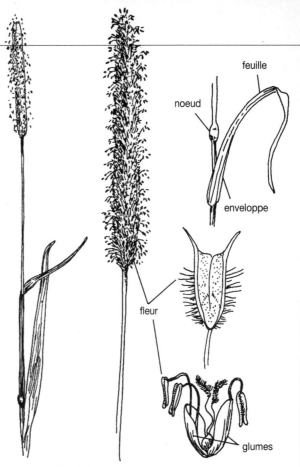

feuille
noeud
enveloppe
fleur
glumes

Mon apparence :
— avec ma tige ronde et noueuse, je suis une graminée typique
— mon épi, qui se compose de très petites fleurs vertes, mesure de 5 à 30 cm
— des glumes en pointe enveloppent mes fleurs (voir illustration)
— mes longues feuilles vertes, comme des rubans, ont des nervures parallèles
— j'ai une racine fibreuse

Mon habitat :
— je pousse abondamment dans les prés, le long des routes et dans les terrains vagues

Ma floraison : du printemps à l'automne

Mon mode de reproduction :
— comme pour la plupart des graminées, le vent transporte mon pollen ; les anthères mûres pendent à l'extérieur de l'enveloppe de la fleur, permettant au vent de transporter le pollen vers les organes femelles d'autres fleurs

Mes particularités :
— graminée très commune, je suis souvent cultivée pour le foin, avec le trèfle et la luzerne
— je ne suis pas une plante indigène, j'ai été importée d'Eurasie
— contrairement à la plupart des plantes à fleurs, qui poussent à partir du bout de la tige, j'ai deux points de croissance : à la base de la feuille et à la hauteur du noeud, où la feuille s'attache à la tige ; lorsqu'on me fauche, ces deux points ne sont pas touchés, de sorte que je peux continuer à pousser

À noter :
— quelque 3000 espèces de graminées poussent à l'état sauvage dans notre région
— certains membres de notre famille, comme le blé, le maïs, le riz et la canne à sucre, sont d'importantes sources de nourriture partout dans le monde
— notre famille comprend aussi le bambou, la canne et le roseau, qui sont utilisés pour la charpente et l'artisanat
— la graminée la plus populaire pour les gazons est le pâturin des prés

Mots nouveaux : anthère, glume, graminée, luzerne, pâturin des prés

racine fibreuse

Chou puant

Mon apparence :
— ma « fleur » jaune est formée de nombreuses
petites fleurs sans pétales, resserrées sur
un gros épi appelé spadice ; celui-ci est
entouré d'une enveloppe en forme de corne
appelée spathe, dont la couleur varie du vert
au brun pourpre
— j'ai de larges feuilles, qui ne poussent qu'après
l'apparition des fleurs ; d'abord enroulées, mes
feuilles deviennent très grandes

Mon habitat :
— je pousse dans les bois humides et les
marécages dégagés, surtout dans la zone de la
forêt tempérée décidue

Ma floraison : de la mi-mars à avril

Mon mode de reproduction :
— ma fleur est fécondée par les insectes, qui sont
attirés par mon odeur de charogne et par ma
couleur, qui ressemble à de la viande en
décomposition

Mes particularités :
— je suis parmi les premières fleurs à fleurir au
printemps, même à travers la neige ; le spadice
peut produire assez de chaleur à l'intérieur de
la spathe pour faire fondre la neige autour
— lorsqu'on m'écrase ou me brise, je dégage une
odeur repoussante ; c'est cette odeur et mes
grandes feuilles qui m'ont valu mon nom

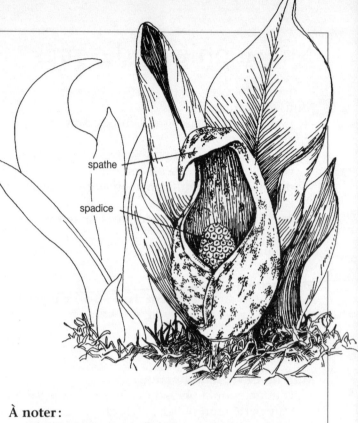

spathe

spadice

À noter :
— mes racines et mes feuilles renferment des
cristaux qui peuvent rester pris dans la gorge
de l'animal (ou de l'humain) qui me mange,
provoquant une douleur vive et une sensation
de brûlure
— j'appartiens à la famille des aracées, qui
comprend le petit prêcheur et la calla des
marais

Mots nouveaux : aracée, spadice, spathe

Trille blanc

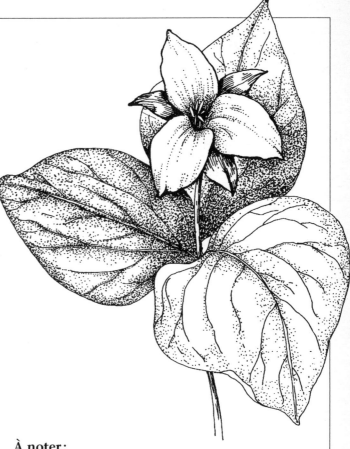

Mon apparence :
— j'ai une grande fleur blanche à trois pétales
— mes fleurs virent au rose pâle avant de mourir
— j'ai trois grandes feuilles vertes groupées autour de la tige juste au-dessous de la fleur

Mon habitat :
— j'aime le sol riche des forêts d'arbres feuillus

Ma floraison :
— je fleuris au début du printemps, en mai, avant que les feuilles sortent et me cachent le soleil dont j'ai besoin pour croître

Mon mode de reproduction :
— les insectes assurent ma fécondation
— je me reproduis par mes graines et mon rhizome ; je pousse souvent en colonies compactes, le sol de la forêt étant littéralement tapissé de mes jolies fleurs blanches

Mes particularités :
— comme mes feuilles poussent très haut sur la tige, juste au-dessous de la fleur, si on me cueille, on supprime mon usine à nourriture ; sans mes feuilles, il m'est impossible d'emmagasiner assez de nourriture dans mon rhizome pour l'an prochain, de sorte que je mourrai
— les pétales de ma fleur sont parfois verts ou rayés de vert : cette coloration est due à la présence de petits organismes semblables à des bactéries

À noter :
— je porte aussi le nom de *trille à grande fleur*
— d'autres trilles habitent la même région que moi : le trille ondulé, le trille penché et le trille rouge ou dressé

Mots nouveaux : bactérie, fécondation, feuillu, rhizome

Cypripède royal

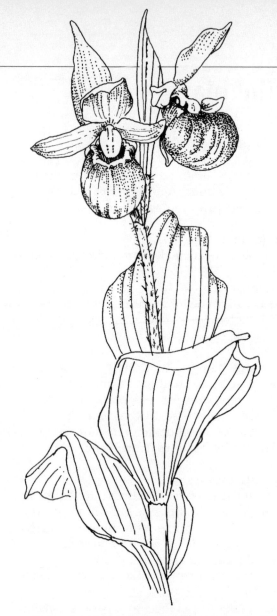

Mon apparence :
— je suis la plus grande orchidée (or-ki-dé) en Amérique du Nord
— ma fleur, de forme irrégulière, a un labelle en forme de sac (sabot) rose et blanc ; la couleur du sabot contraste avec le blanc des pétales et sépales
— mes larges feuilles ont des nervures parallèles proéminentes
— ma tige est recouverte de poils

Mon habitat :
— je fréquente les marais, les tourbières et les bois humides

Ma floraison : au début de l'été

Mon mode de reproduction :
— les abeilles assurent ma pollinisation ; je les attire et les retiens jusqu'à ce que la fécondation soit presque assurée ; comme bien des fleurs, je dégage un parfum doux au début de l'été pour attirer les pollinisateurs ; cette odeur indique habituellement aux abeilles que la fleur contient un nectar dont elles peuvent se nourrir, mais ce n'est pas mon cas ; c'est un truc pour attirer l'abeille, qui entre par la grande ouverture du haut et qui se retrouve dans un sabot courbé ; grâce à cette forme, l'abeille (à la recherche d'un nectar qui ne s'y trouve pas) est obligée de se diriger vers la petite ouverture à la base du sabot : pour s'y rendre, elle passe d'abord par le stigmate (partie femelle) et y dépose le pollen qu'elle transporte, fécondant ainsi la fleur ; elle passe ensuite par l'anthère (partie mâle), où elle fait sa provision de pollen ; à la fin de son périple, l'abeille sort de la fleur par le petit trou, sans avoir trouvé de nourriture
— mes graines sont minuscules

Mes particularités :
— certains cypripèdes sont parmi les plantes les plus lentes à pousser : il leur faut jusqu'à 17 ans pour produire une fleur
— les gousses de certaines orchidées peuvent contenir jusqu'à trois millions de graines !

— les orchidées étant à la fois rares et belles, les gens ont pris l'habitude de les cueillir ou de les déterrer dans les bois, de sorte que certaines espèces sont aujourd'hui menacées de disparition ; en Amérique du Nord, il y a quatre orchidées qui figurent sur la liste des espèces menacées : le petit cypripède royal, la petite pogonie verticillée, la pogonie verticillée et le cypripède blanc

À noter :
— on trouve d'autres espèces indigènes en Amérique du Nord : le petit cypripède royal, le sabot de la vierge, le cypripède soulier, le cypripède tête-de-bélier

Mots nouveaux : anthère, labelle, nectar, pollinisation, sépale, stigmate, tourbière

Nénuphar blanc

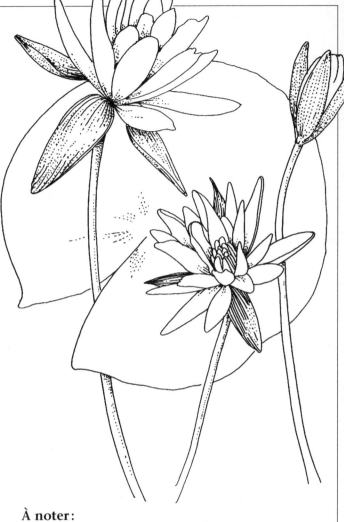

Mon apparence :
— mes fleurs blanches, flottantes, ont plusieurs couches de pétales et un centre jaune vif ; elles mesurent de 7 à 12 cm
— mes grandes feuilles, en forme d'assiette, sont vertes, mais la face inférieure est violacée
— j'ai un pédoncule long et souple
— mon rhizome est ancré dans la vase

Mon habitat :
— je fréquente les eaux à cours lents, les étangs et les marais dégagés

Ma floraison : de juin à septembre

Mon mode de reproduction :
— mes fleurs dégagent un parfum agréable qui attire les insectes pollinisateurs
— je me reproduis par mes graines, ainsi que par mon rhizome

Mes particularités :
— comme mon autre nom l'indique (*nymphéa odorant*), je dégage un parfum suave, surtout tôt le matin ; c'est pourquoi les canoteurs, les randonneurs et les campeurs m'aiment bien
— mes larges feuilles servent d'abri ou de tabouret à de nombreux animaux : grenouilles, escargots, divers insectes
— l'été, mes feuilles et mes rhizomes sont particulièrement appréciés par l'orignal
— en tant que plante aquatique, je n'ai pas à me préoccuper d'emmagasiner de l'eau, puisque je baigne littéralement dedans ; mais je suis faite pour conserver l'air : mes longues tiges sont creuses, ce qui permet à l'air provenant des feuilles de se rendre jusqu'au rhizome au fond de l'eau

À noter :
— on m'appelle aussi *lis d'eau* ; les Français me donnent aussi d'autres noms : *lis des étangs, plateau*
— mon cousin, le nymphéa tubéreux, ne dégage aucun parfum et la face inférieure de ses feuilles est verte et non pas violacée

Mots nouveaux : aquatique, odorant, rhizome

Sarracénie pourpre

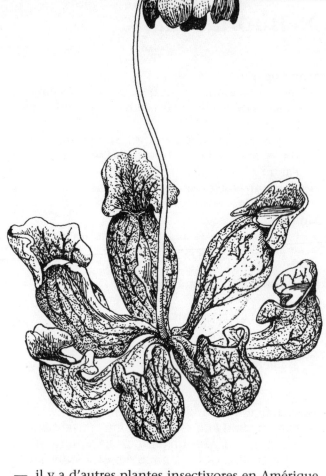

Mon apparence:
— j'ai de large fleurs rouge foncé, penchées, avec de gros pistils aplatis; mes fleurs mesurent de 5 à 7 cm de large
— mes feuilles en forme de cruche sont vertes ou rouges, et veinées de pourpre; elles sont tapissées de poils dirigés vers le bas et souvent à moitié remplies d'eau de pluie

Mon habitat:
— je pousse dans les tourbières à sphaigne et les marécages sablonneux

Ma floraison: de juin à juillet

Mon mode de reproduction:
— mes fleurs sont fécondées par les insectes

Mes particularités:
— je suis une plante insectivore; les insectes sont attirés par la couleur de mes feuilles et par l'odeur que je dégage; l'insecte qui se pose sur le bord évasé de la feuille glisse et tombe dans la «cruche» remplie d'eau; les poils dirigés vers le bas l'empêchent de remonter; je libère dans l'eau des enzymes qui contribuent à décomposer les insectes, et j'absorbe les substances ainsi produites (azote, notamment) pour me nourrir

À noter:
— bien que je sois mortelle pour de nombreux insectes, il y a une espèce de maringouin (*Wyeomii smithii*) qui élève sa famille dans l'eau au fond de mes «cruches», et qui s'en porte très bien!

— il y a d'autres plantes insectivores en Amérique du Nord: le droséra, la grassette vulgaire et l'utriculaire
— j'ai divers noms populaires: *coupe du chasseur, herbe-crapaud*

Mots nouveaux: insectivore, pistil, tourbière à sphaigne

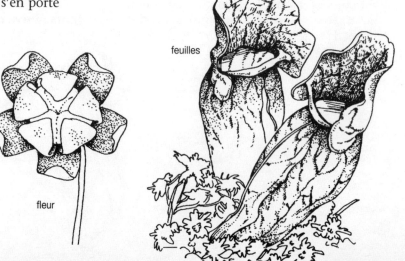

fleur

feuilles

Asclépiade commune

Mon apparence :
— vous me reconnaîtrez par mes larges ombelles composées de petites fleurs odorantes, de couleur rosée ou pourpre verdâtre
— mes feuilles, opposées, sont oblongues ou ovales, au dessous velouté
— mes follicules gris-vert sont pointus et rugueux ; ils renferment des centaines de graines brunes attachées à des aigrettes blanches
— si on brise ma tige ou mes feuilles, il s'en écoule un liquide laiteux

Mon habitat :
— je préfère les sols secs des bords de route et des champs

Ma floraison : de la fin juin à août

Mon mode de reproduction :
— mes fleurs odorantes sont fécondées par les insectes
— lorsqu'ils sont mûrs, les follicules verruqueux éclatent et libèrent leurs graines aigrettées, que le vent emporte

Mes particularités :
— de nombreux insectes font de moi leur demeure : coléoptères, hémiptères et lépidoptères (papillons) ; pour la plupart, ces insectes sont d'une couleur voyante (comme le rouge), pour éloigner les prédateurs ; comme mon « lait » est toxique, les insectes qui s'en nourrissent prennent un goût âcre qui décourage les prédateurs
— l'insecte avec lequel on m'associe le plus souvent est le monarque, qui reste avec moi pour la durée de son cycle de vie

À noter :
— je compte plusieurs cousines en Amérique du Nord : l'asclépiade à feuilles ovées, l'asclépiade incarnate, la belle asclépiade
— on me donne plusieurs surnoms : *cotonnier, herbe à ouate, petits cochons*

Mots nouveaux : cycle de vie, feuilles opposées, feuille ovée, follicule, ombelle, prédateur

Pissenlit

Mon apparence :
— mes fleurs, d'un jaune vif, mesurent de
2 à 2,5 cm ; je suis une fleur composée, ce qui
veut dire que ma fleur se compose de fleurs
minuscules groupées en capitule
— ma tige, creuse et nue, mesure environ 5 cm ;
si on la brise, il s'en écoule un liquide laiteux
— mes feuilles vertes, longues et profondément
dentées, partent toutes de la base
— j'ai une longue racine pivotante
— mes graines, brunes, sont attachées à des
parachutes blancs veloutés qui forment une
boule au bout de la queue

Mon habitat :
— je suis partout : sur les pelouses, dans les
champs, le long des routes, et même dans les
bois humides et ombragés

Ma floraison : de mars à septembre

Mon mode de reproduction :
— mes graines sont attachées à de légers
parachutes blancs que le vent emporte
(les enfants aussi)
— si ma tige ou ma racine est brisée, je peux
repousser à partir de ce qui reste de ma racine ;
c'est pourquoi il est si difficile de se débarrasser
de moi ; si vous laissez un bout de racine dans
le sol, vous pourriez vous retrouver avec plus
de plantes qu'avant

Mes particularités :
— si je pousse aussi bien, c'est grâce à ma longue
racine, qui peut aller chercher de la nourriture
et de l'eau très creux dans le sol ; cela me
permet de tenir le coup durant les périodes très
sèches ; grâce à la longueur de ma racine, dans
la lutte pour la nourriture et l'eau, je l'emporte
sur les autres plantes
— je ne suis pas originaire d'Amérique du Nord ;
j'y ai été introduite par des colons comme fleur
de jardin
— je suis un peu parent avec la laitue ; d'ailleurs
mes jeunes pousses sont délicieuses en salade

À noter :
— les gens me considèrent comme une des pires
mauvaises herbes à envahir la pelouse et, pour
se débarrasser de moi, ils consacrent beaucoup
de temps et d'argent à arroser leurs pelouses de
produits toxiques ; malheureusement, le grand
usage qu'on fait des herbicides nuit à
l'environnement ; il y a une autre solution :
arracher les mauvaises herbes à la main et se
contenter d'une pelouse qui ne soit pas
impeccable
— une mauvaise herbe, ce n'est qu'une plante qui
pousse au mauvais endroit ; par exemple, s'il y
a des pissenlits dans votre plate-bande de
tomates, vous voudrez sans doute les arracher ;
mais une touffe de pissenlits jaune vif parmi
vos fleurs, cela peut y ajouter de la couleur
— il y a d'autres pissenlits là où j'habite : le
pissenlit lisse et le pissenlit tuberculé
— on m'appelle aussi *dent-de-lion* (d'où mon nom
anglais) ; en France, on me donne parfois le
beau nom de *florion d'or*

Mots nouveaux : capitule, feuille dentée, fleur
composée, herbicide, tuberculé